Najlepsza kucharska Tailgating

Wzbogać swoje wrażenia przed meczem dzięki 100 apetycznym przepisom i wskazówkom na wygraną

Lidia Wilk

SPIS TREŚCI

WSTĘP

Witamy w Najlepszej książce kucharskiej Tailgating! Ta książka kucharska to wszechstronny przewodnik, który pomoże ci opanować sztukę gotowania na ogonie i zamienić spotkania przed meczem w niezapomniane uczty. Niezależnie od tego, czy jesteś doświadczonym graczem, czy nowicjuszem, który chce dołączyć do emocji, przygotuj się na zupełnie nowy poziom rozgrywki.

W tej książce kucharskiej zebraliśmy zbiór przepisów, które zachwycają tłumy, które dodadzą Ci energii i zaspokoją Twoje kubki smakowe. Od klasycznych potraw zapewniających komfort, takich jak soczyste hamburgery i skrzydełka lizać palce, po kreatywne zwroty akcji w ulubionych daniach z dnia meczu — mamy wszystko, czego potrzebujesz. Przygotuj się, by olśnić innych fanów apetycznymi daniami, które można łatwo przygotować, przetransportować i zjeść na stadionowym parkingu.

Ale ta książka kucharska to nie tylko przepisy. Podzielimy się również zwycięskimi wskazówkami i sztuczkami, jak zorganizować najlepszą imprezę na tylnym siedzeniu, od niezbędnego sprzętu i hacków organizacyjnych po zajęcia w dniu gry, które zapewnią wszystkim rozrywkę. Niezależnie od tego, czy jedziesz na mecz piłki nożnej, koncert czy inne wydarzenie, naszym celem jest sprawienie, aby Twoje wrażenia przed meczem były niezapomniane, smaczne i pełne koleżeństwa.

Przygotuj się na stworzenie zwycięskiego spreadu, dzięki któremu zostaniesz MVP każdej imprezy na tylnej klapie. Niech rozpocznie się gra!

1. Grillowane Skrzydełka Z Kurczaka

Składniki:

- 2 funty skrzydełka z kurczaka
- 1/2 szklanki sosu BBQ
- 1/4 szklanki miodu
- 1/4 szklanki sosu sojowego
- 2 ząbki czosnku, posiekane
- 1 łyżeczka mielonego imbiru
- Sól i pieprz do smaku

Instrukcje:

a) W małej misce wymieszaj sos BBQ, miód, sos sojowy, czosnek, imbir, sól i pieprz.

b) Umieść skrzydełka z kurczaka w dużej zamykanej plastikowej torbie i zalej je marynatą. Zamknąć torebkę i wrzucić, aby pokryć skrzydełka.

c) Marynuj w lodówce przez co najmniej 2 godziny lub przez całą noc, aby uzyskać najlepsze rezultaty.

d) Rozgrzej grill do średnio-wysokiej temperatury. Wyjąć skrzydełka z marynaty i wyrzucić pozostałą marynatę.

e) Grilluj skrzydełka przez około 15-20 minut, obracając od czasu do czasu, aż będą ugotowane i chrupiące.

f) Podawaj gorące z ulubionym sosem do maczania.

2. Dip z Kurczaka Buffalo

Składniki:

- 2 szklanki rozdrobnionego ugotowanego kurczaka
- 8 uncji sera śmietankowego, zmiękczonego
- 1/2 szklanki ostrego sosu
- 1/2 szklanki sosu ranczo
- 1 szklanka rozdrobnionego sera cheddar
- 1/4 szklanki pokruszonego sera pleśniowego (opcjonalnie)
- Chipsy tortilla lub paluszki selera do podania

Instrukcje:

a) Rozgrzej piekarnik do 350 ° F.

b) W dużej misce wymieszaj rozdrobnionego kurczaka, serek śmietankowy, ostry sos i sos ranczo. Mieszaj, aż dobrze się połączą.

c) Rozłóż mieszaninę na 9-calowym naczyniu do pieczenia i posyp rozdrobnionym serem cheddar i kruszonką sera pleśniowego (jeśli używasz).

d) Piecz przez 20-25 minut lub do momentu, aż będą gorące i chrupiące.

e) Podawać na gorąco z chipsami tortilla lub paluszkami selera.

3. Papryczki Jalapeno

Składniki:

- 12 papryczek jalapeño, przekrojonych wzdłuż na pół i pozbawionych nasion
- 8 uncji sera śmietankowego, zmiękczonego
- 1/2 szklanki startego sera cheddar
- 1/4 szklanki tartego parmezanu
- 1/4 łyżeczki czosnku w proszku
- 1/4 łyżeczki proszku cebulowego
- Sól i pieprz do smaku
- 12 plastrów bekonu, przekrojonych na pół

Instrukcje:

a) Rozgrzej piekarnik do 400 ° F.
b) W misce wymieszaj ser śmietankowy, ser cheddar, parmezan, czosnek w proszku, cebulę w proszku, sól i pieprz. Mieszaj, aż dobrze się połączą.
c) Nałóż mieszankę serową równomiernie na połówki papryczek jalapeño.
d) Każdą połówkę papryczki jalapeño owinąć plasterkiem bekonu i spiąć wykałaczką.
e) Umieść papryczki jalapeño na blasze do pieczenia i piecz przez 20-25 minut lub do momentu, aż bekon będzie chrupiący, a nadzienie gorące i bulgoczące.
f) Podawać na gorąco.

4. Alkaliczny Baba Ganoush

Porcje: 4
Czas przygotowania: 30 minut

SKŁADNIKI :

- 1 duży bakłażan
- Garść pietruszki
- 1-2 ząbki czosnku
- Sok z 2 cytryn
- 2 łyżki tahiny
- Sól i czarny pieprz do smaku

INSTRUKCJE :

a) Rozgrzej grill do średniej mocy i gotuj bakłażana w całości przez około pół godziny.
b) Pokroić w nie i łyżką zeskrobać wnętrzności, a następnie przełożyć mięso do sitka.
c) Miksuj do uzyskania gładkości.

5. Hummus z cukinii i ciecierzycy

Porcje: 4
Czas przygotowania: 30 minut

SKŁADNIKI :

- 1 puszka ciecierzycy, odsączonej i opłukanej
- 1 ząbek czosnku, posiekany
- 1 zielona cukinia, posiekana
- garść posiekanej natki pietruszki
- garść posiekanej bazylii
- sól himalajska lub morska
- Świeżo mielony czarny pieprz
- 4 łyżki oliwy z oliwek
- Odrobina świeżego soku z cytryny

INSTRUKCJE :

a) Zmiksuj wszystko.

6. Cytrynowa Ciecierzyca i Tahini Hummus

Porcje: 2
Czas przygotowania: 10 minut

SKŁADNIKI :
- Sok z cytryny z 1/2 cytryny
- 1 puszka ciecierzycy suszonej, namoczonej
- 1 ząbek czosnku
- 1 łyżka tahiny
- 1 łyżka oliwy z oliwek

INSTRUKCJE :
a) Zmiksuj wszystko na gładko.

7. Hummus z czosnku i ciecierzycy

Porcje: 2
Czas przygotowania: 10 minut

SKŁADNIKI :

- 2 ząbki czosnku
- 1 puszka ciecierzycy
- 1 łyżka tahiny
- Sok z cytryny z 1 cytryny
- 1 łyżka oliwy z oliwek

INSTRUKCJE :

a) W misce wymieszać wszystkie składniki.

8. Pikantny dip z dyni i twarogu

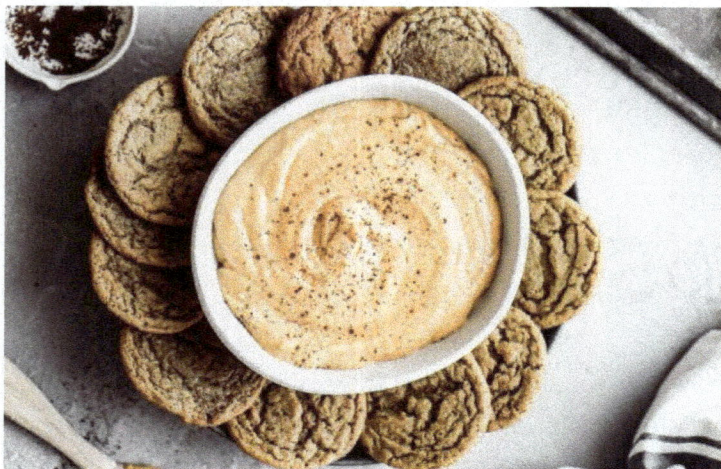

Całkowity czas przygotowania: 5 minut
Porcje: 4 do 6 porcji

SKŁADNIKI

- 8 uncji sera śmietankowego
- 15 uncji niesłodzonej dyni w puszkach
- 1 łyżeczka cynamonu
- 1/4 łyżeczki ziela angielskiego
- 1/4 łyżeczki gałki muszkatołowej
- 10 orzechów pekan, rozgniecionych

INSTRUKCJE

a) Ubij kremowy ser i dynię z puszki w mikserze, aż uzyskają kremową konsystencję.

b) Wymieszaj cynamon, ziele angielskie, gałkę muszkatołową i orzechy pekan, aż dokładnie się połączą. Przed podaniem schładzamy przez godzinę w lodówce.

ODŻYWIANIE: Kalorie 227| Tłuszcz 19g (Nasycone 4g) | Cholesterol 0mg| sód 275mg| Węglowodany 12g| Błonnik pokarmowy 6g| Białko 4g.

9. Dip z sera śmietankowego i miodu

Całkowity czas przygotowania: 5 minut
Porcje: 2 porcje

SKŁADNIKI

a) 2 uncje śmietankowego sera
b) 2 łyżki miodu
c) 1/4 szklanki wyciśniętego soku pomarańczowego
d) 1/2 łyżeczki mielonego cynamonu

INSTRUKCJE

a) Zmiksuj wszystko na gładko.

ODŻYWIANIE: Kalorie 160| Tłuszcz 8g (Nasycone 2g) | Cholesterol 0mg| sód 136mg| Węglowodany 22g| Błonnik pokarmowy 0g| Białko 1g.

10. <u>Czosnkowy Alkaliczny Guacamole</u>

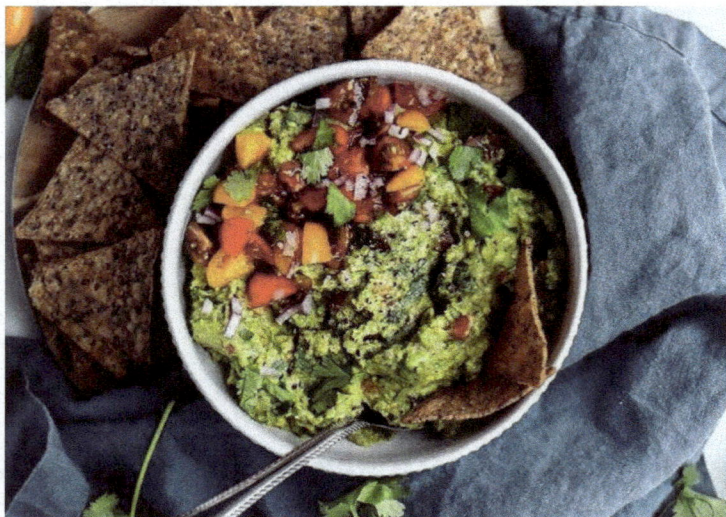

Całkowity czas przygotowania: 10 minut
Porcje: 6 porcji

SKŁADNIKI

- 2 awokado, bez pestek
- 1 pomidor, pozbawiony pestek i drobno posiekany
- 1/2 łyżki świeżego soku z limonki
- 1/2 małej żółtej cebuli, drobno posiekanej
- 2 ząbki czosnku, przeciśnięte
- 1/4 łyżeczki soli morskiej
- Szczypta pieprzu
- Posiekany świeży liść kolendry

INSTRUKCJE

a) Używając tłuczka do ziemniaków, rozgnieć awokado w małej misce.
b) Podawać natychmiast po wymieszaniu dodatkowych SKŁADNIKÓW z puree z awokado.

ODŻYWIANIE: Kalorie 97| Tłuszcz 8g (Nasycone 2g) | Cholesterol 0mg| Sód 97mg| Węglowodany 6g| Błonnik pokarmowy 5g| Białko 1g.

11. Salsa Jalapeño

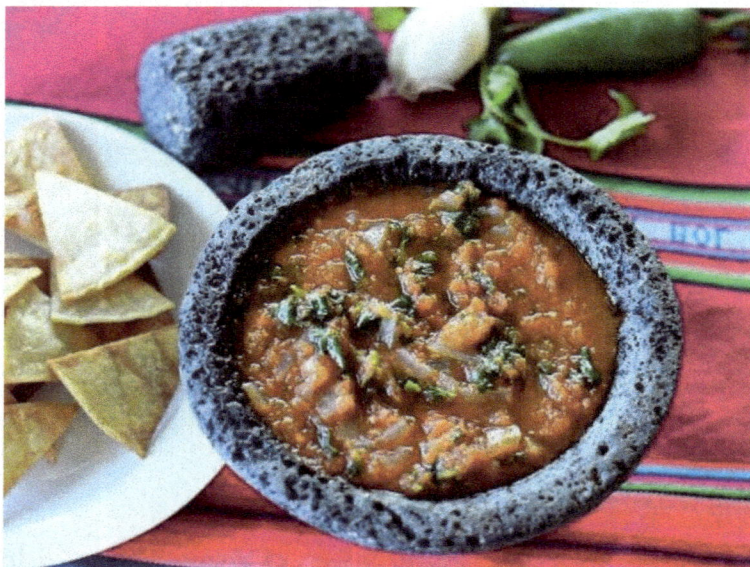

Całkowity czas przygotowania: 10 minut
Porcje: 4 porcje

SKŁADNIKI

- 4 średnie pomidory, obrane i pokrojone w kostkę
- 1/4 szklanki posiekanej czerwonej cebuli
- Papryczka jalapeño, pozbawiona nasion i drobno posiekana
- 1 łyżka oliwy tłoczonej na zimno
- 1 łyżeczka soli morskiej
- 1 łyżeczka kminku
- 1 łyżeczka mielonego czosnku
- Świeża pietruszka

INSTRUKCJE

a) Zmiksuj wszystkie składniki.

ODŻYWIANIE: Kalorie 73| Tłuszcz 4g (Nasycone 1g) | Cholesterol 0mg| Sód 582mg| Węglowodany 9g| błonnik pokarmowy 1g| Białko 1g.

12. Kawiorowe Pocałunki Serca

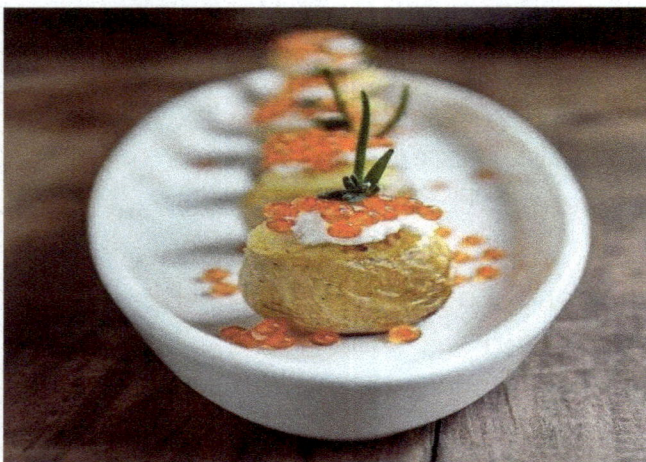

Składniki:

- 1 Ogórek, wyszorowany i pokrojony
- 1/3 szklanki kwaśnej śmietany
- 1 łyżeczka suszonego koperku
- Świeżo zmielony czarny pieprz do smaku
- 1 słoik czerwonego kawioru z łososia
- Świeże gałązki kopru
- 8 Cienkie kromki chleba pełnoziarnistego
- Masło lub margaryna

Wskazówki:

a) Pokrój ogórek w 1/4-calowe rundy.

b) W małej misce połącz śmietanę, suszony koperek i pieprz. Umieść jedną łyżeczkę mieszanki kwaśnej śmietany na każdym plasterku ogórka. Udekoruj każdą około 1/2 łyżeczki kawioru i gałązką kopru.

c) Wytnij kromki chleba za pomocą foremki do ciastek w kształcie serca. Tosty i masło. Umieść plasterki ogórka na środku talerza do serwowania i otocz tostowymi sercami.

13.   <u>Ukąszenia burrito</u>

Składniki:

- 1 może Krojone Pomidory
- 1 filiżanka Natychmiastowy ryż
- ⅓ szklanki Woda
- 1 Zielona papryka, pokrojona w kostkę
- 2 Zielona cebula, pokrojona w plasterki
- 2 kubki Rozdrobniony ser cheddar, podzielony
- 1 może Smażona Fasola W Stylu Ranczo (16 uncji)
- 10 tortilli pszennych (6-7")
- 1 filiżanka Salsa

Wskazówki:

a) Rozgrzej piekarnik do 350'F. Spryskaj naczynie do pieczenia o wymiarach 9x12 cali PAM; odłóż na bok.

b) W średnim rondlu połącz ryż i wodę; podgrzać do wrzenia.

c) Zmniejszyć ogień, przykryć i gotować 1 minutę. Zdjąć z ognia i odstawić na 5 minut lub do wchłonięcia całego płynu. Wymieszać z pieprzem, cebulą i 1 szklanką sera.

d) Rozłóż około 3 łyżki fasoli na każdej tortilli w odległości $\frac{1}{8}$ cala od krawędzi. Ułóż mieszankę ryżową na fasoli; zwiń. Ułóż łączeniem w dół w przygotowanym naczyniu do pieczenia; przykryj folią.

e) Piec w nagrzanym piekarniku 25 minut lub do gorącego. Tortille kroimy na 4 części i układamy na talerzu. Podawaj z salsą i serem . Podawaj z salsą i serem. Wstaw z powrotem do piekarnika i piecz przez 5 minut lub do momentu, aż ser się roztopi.

14.   Ukąszenia orzechów z kurczaka

Składniki:

- 1 filiżanka Bulion z kurczaka
- $\frac{1}{2}$ szklanki Masło
- 1 filiżanka Mąka
- 1 łyżka stołowa Pietruszka
- 2 łyżeczki Sól sezonowana
- 2 łyżeczki Sos Worcestershire
- 34 łyżeczki Nasiona selera
- $\frac{1}{2}$ łyżeczki Papryka
- $\frac{1}{8}$ łyżeczki Cayenne
- 4 duże jajka
- 2 Piersi z kurczaka, gotowane, obrane ze skóry
- $\frac{1}{4}$ szklanki Opiekane migdały

Wskazówki:

15. Rozgrzej piekarnik do 400 stopni. Na grubej patelni połącz bulion z masłem i zagotuj. Wmieszać mąkę i przyprawy.
16. Gotuj, szybko mieszając, aż mieszanina oderwie się od ścianek naczynia i utworzy gładką, zwartą kulę. Zdjąć z ognia. Dodawać po jednym jajku, dobrze miksując, aż masa będzie błyszcząca. Wymieszać z kurczakiem i migdałami.
17. Nakładać zaokrąglonymi łyżeczkami na wysmarowane tłuszczem blachy do pieczenia. Piec przez 15 minut. Zamrozić po upieczeniu.

15. Paluszki z kurczaka Buffalo

Składniki:

- 2 szklanki mąki migdałowej
- 1 łyżeczka soli
- 1 łyżeczka czarnego pieprzu
- 1 łyżeczka suszonej pietruszki
- 2 duże jajka
- 2 łyżki pełnotłustego mleka kokosowego z puszki
- 2 funty polędwicy z kurczaka
- 1 1 / 2 szklanki sosu Frank's Red-hot Buffalo

Wskazówki:

a) Rozgrzej piekarnik do 350 ° F.

b) Połącz mąkę migdałową, sól, pieprz i pietruszkę w średniej misce i odłóż na bok.

c) Ubij jajka i mleko kokosowe razem w osobnej średniej misce.

d) Zanurz każdy kurczak w mieszance jajek, a następnie całkowicie pokryj mieszanką mąki migdałowej. Ułóż powlekane przetargi w jednej warstwie na blasze do pieczenia.

e) Pieczemy 30 minut, przewracając raz w trakcie pieczenia. Wyjąć z piekarnika i pozostawić do ostygnięcia na 5 minut.

f) Umieść polędwiczki z kurczaka w dużej misce i dodaj sos buffalo. Wrzucić do całkowitego pokrycia.

16.   Babeczki z mięsem

Składniki:

- 1 funt mielonej wołowiny
- 1 szklanka posiekanego szpinaku
- 1 duże jajko, lekko ubite
- 1/2 szklanki startego sera mozzarella
- 1/4 szklanki tartego parmezanu
- 1/4 szklanki posiekanej żółtej cebuli
- 2 łyżki pestek i mielonej papryczki jalapeño

Wskazówki:

a) Rozgrzej piekarnik do 350 ° F. Lekko natłuść każde zagłębienie w foremce na muffinki.

b) Połącz wszystkie składniki w dużej misce i wymieszaj rękami.

c) Nałóż równą porcję mieszanki mięsnej do każdej foremki na muffinki i lekko dociśnij. Piec 45 minut lub do momentu, gdy temperatura wewnętrzna osiągnie 165°F.

17. <u>Boczek kawałki awokado</u>

Składniki:

- 2 duże awokado, obrane i pozbawione pestek
- 8 plastrów bekonu bez cukru
- 1/2 łyżeczki soli czosnkowej

Wskazówki:

a) Rozgrzej piekarnik do 425 ° F. Wyłóż blachę do ciastek pergaminem.

b) Pokrój każde awokado na 8 równych plasterków, co daje w sumie 16 plasterków.

c) Każdy kawałek boczku przekroić na pół. Każdy kawałek awokado owiń połową plastra bekonu. Posypać solą czosnkową.

d) Umieść awokado na blasze do pieczenia i piecz 15 minut. Ustaw piekarnik na ruszcie i kontynuuj gotowanie przez kolejne 2-3 minuty, aż bekon stanie się chrupiący.

18. Ukąszenia pizzy

Składniki:

- 24 plastry pepperoni bez cukru
- 1/2 szklanki sosu marinara
- 1/2 szklanki startego sera mozzarella

Wskazówki:

A) WŁĄCZYĆ BROJLER W PIEKARNIKU.

B) WYŁÓŻ BLACHĘ DO PIECZENIA PERGAMINEM I UŁÓŻ PLASTERKI PEPPERONI W JEDNEJ WARSTWIE.

C) UMIEŚĆ 1 ŁYŻECZKĘ SOSU MARINARA NA KAŻDYM PLASTERKU PEPPERONI I ROZPROWADŹ ŁYŻKĄ. DODAJ 1 ŁYŻECZKĘ SERA MOZZARELLA NA MARYNATĘ.

D) WŁÓŻ BLACHĘ DO PIECZENIA DO PIEKARNIKA I PIECZ PRZEZ 3 MINUTY LUB DO MOMENTU, AŻ SER SIĘ ROZTOPI I LEKKO ZBRĄZOWIEJE.

E) ZDEJMIJ Z BLACHY DO PIECZENIA I PRZENIEŚ NA BLACHĘ WYŁOŻONĄ RĘCZNIKIEM PAPIEROWYM, ABY WCHŁONĘŁA NADMIAR TŁUSZCZU.

19. **Ukąszenia bekonu i szalotki**

Składniki:

- 1/3 szklanki mąki _{migdałowej}
- 1 łyżka niesolonego masła, stopionego
- 1 (8 uncji) opakowanie sera śmietankowego, zmiękczonego do temperatury pokojowej
- 1 łyżka tłuszczu z bekonu
- 1 duże jajko
- 4 plastry bekonu bez cukru, ugotowane, ostudzone i pokruszone na kawałki
- 1 duża zielona cebula, tylko wierzchołki, pokrojona w cienkie plasterki
- 1 ząbek czosnku, posiekany
- 1/8 łyżeczki czarnego _{pieprzu}

Wskazówki:

A) ROZGRZEJ PIEKARNIK DO 325 ° F.

B) W MAŁEJ MISCE WYMIESZAJ MĄKĘ MIGDAŁOWĄ I MASŁO.

C) WYŁÓŻ 6 FILIŻANEK STANDARDOWEJ FORMY NA MUFFINKI Z PAPILOTKAMI. RÓWNOMIERNIE PODZIEL MIESZANINĘ MĄKI MIGDAŁOWEJ NA FILIŻANKI I DELIKATNIE DOCIŚNIJ DNO ŁYŻECZKĄ. PIECZ W PIEKARNIKU 10 MINUT, NASTĘPNIE WYJMIJ.

D) PODCZAS GDY SKÓRKA SIĘ PIECZE, DOKŁADNIE WYMIESZAJ SEREK ŚMIETANKOWY I TŁUSZCZ Z BEKONU W ŚREDNIEJ MISCE Z MIKSEREM RĘCZNYM. DODAĆ JAJKO I MIKSOWAĆ DO POŁĄCZENIA.

E) ZŁÓŻ BEKON, CEBULĘ, CZOSNEK I PIEPRZ W MIESZANCE TWAROGU ZA POMOCĄ SZPATUŁKI.

F) PODZIEL MIESZANINĘ NA KUBKI, WRÓĆ DO PIEKARNIKA I PIECZ KOLEJNE 30–35 MINUT, AŻ SER SIĘ ZETNIE. BRZEGI MOGĄ BYĆ LEKKO RUMIANE. ABY SPRAWDZIĆ GOTOWOŚĆ, WBIJ WYKAŁACZKĘ W ŚRODEK. JEŚLI WYJDZIE CZYSTY, SERNIK JEST UPIECZONY.

G) POZOSTAW DO OSTYGNIĘCIA NA 5 MINUT I PODAWAJ.

20.   Kawałki kurczaka zawijane w boczek

Składniki:

- 3/4 funta bez kości, bez skóry pierś z kurczaka, pokrojona w 1- calową kostkę
- 1/2 łyżeczki soli _
- 1/2 łyżeczki czarnego pieprzu
- 5 plastrów boczku bez dodatku cukru

Wskazówki:

A) ROZGRZEJ PIEKARNIK DO 375 ° F.

B) KURCZAKA OPRÓSZYĆ SOLĄ I PIEPRZEM.

C) KAŻDY PLASTEREK BOCZKU POKROIĆ NA 3 CZĘŚCI I ZAWINĄĆ KAŻDY KAWAŁEK KURCZAKA W KAWAŁEK BOCZKU. ZABEZPIECZ WYKAŁACZKĄ.

D) POŁÓŻ ZAWINIĘTEGO KURCZAKA NA RUSZCIE DO GRILLOWANIA I PIECZ PRZEZ 30 MINUT, OBRACAJĄC W POŁOWIE PIECZENIA. ROZGRZEJ PIEKARNIK I PIECZ PRZEZ 3-4 MINUTY LUB DO MOMENTU, AŻ BOCZEK BĘDZIE CHRUPIĄCY.

21. Ukąszenia bekonowo-ostrygowe

Składniki:

- 8 PLASTERKÓW BOCZEK
- $\frac{1}{2}$ SZKLANKI ZIOŁOWY FARSZ PRZYPRAWOWY
- 1 MOŻE (5 UNCJI) OSTRYGI; POSIEKANA
- $\frac{1}{4}$ SZKLANKI WODA

Wskazówki:

A) ROZGRZEJ PIEKARNIK DO 350Ø. PLASTERKI BEKONU KROIMY NA PÓŁ I LEKKO PODSMAŻAMY. NIE PRZEGOTOWAĆ.

B) BEKON MUSI BYĆ WYSTARCZAJĄCO MIĘKKI, ABY ŁATWO SIĘ TOCZYŁ WOKÓŁ KULEK. POŁĄCZ FARSZ, OSTRYGI I WODĘ.

C) UFORMOWAĆ KULKI WIELKOŚCI JEDNEGO KĘSA, OKOŁO 16.

D) ZAWIŃ KULKI W BOCZEK. PIEC W TEMPERATURZE 350° PRZEZ 25 MINUT. PODAWAJ NA CIEPŁO.

22.   Ukąszenia kalafiora Buffalo

Składniki:

- 1 szklanka mąki migdałowej
- 1 łyżeczka granulowanego czosnku
- 1/2 łyżeczki suszonej pietruszki
- 1/2 łyżeczki soli _
- 1 duże jajko
- 1 duża główka kalafiora, pokrojona na małe różyczki
- 1/2 szklanki sosu Frank 's Red-hot
- 1/4 szklanki ghee _

Wskazówki:

A) ROZGRZEJ PIEKARNIK DO 400 ° F. WYŁÓŻ BLACHĘ DO PIECZENIA PERGAMINEM.

B) POŁĄCZ MĄKĘ MIGDAŁOWĄ, CZOSNEK, PIETRUSZKĘ I SÓL W DUŻEJ ZAMYKANEJ PLASTIKOWEJ TORBIE I POTRZĄŚNIJ, ABY WYMIESZAĆ.

C) W DUŻEJ MISCE UBIJ JAJKO. DODAJ KALAFIOR I WRZUĆ DO CAŁKOWITEGO POKRYCIA.

D) PRZENIEŚ KALAFIOR DO TORBY WYPEŁNIONEJ MIESZANKĄ MĄKI MIGDAŁOWEJ I WRZUĆ DO PŁASZCZA.

E) UŁÓŻ KALAFIOR W JEDNEJ WARSTWIE NA BLASZE DO PIECZENIA I PIECZ PRZEZ 30 MINUT LUB DO MOMENTU, AŻ ZMIĘKNIE I LEKKO SIĘ ZRUMIENI.

F) PODCZAS PIECZENIA KALAFIORA POŁĄCZ GORĄCY SOS I GHEE W MAŁYM RONDLU NA MAŁYM OGNIU.

G) GDY KALAFIOR JEST UGOTOWANY, POŁĄCZ KALAFIOR Z MIESZANKĄ GORĄCEGO SOSU W DUŻEJ MISCE I WRZUĆ DO POKRYCIA.

23.   <u>Czekoladowe Chili Mini Churros</u>

Składniki:

- 1 szklanka wody
- 1/2 szklanki oleju kokosowego lub wegańskiego masła
- 1 szklanka mąki
- 1/4 łyżeczki soli
- 3 jajka ubite
- Mieszanka cukru cynamonowego
- 1/2 szklanki cukru 1 łyżka cynamonu

Wskazówki:

a) Rozgrzej piekarnik do 400 stopni. Połącz wodę, olej kokosowy/masło i sól w garnku i zagotuj.

b) Wsyp mąkę, szybko mieszając, aż masa zamieni się w kulę.

c) Powoli wbijaj jajka po trochu, cały czas mieszając, aby jajka się nie pomieszały.

d) Pozwól, aby ciasto lekko ostygło, a następnie przenieś do szprycy.

e) Ułóż churros o długości 3 cali w rzędy na natłuszczonej blasze do pieczenia.

f) Piec w piekarniku przez 10 minut w temperaturze 400 stopni, a następnie grillować na wysokim poziomie przez 1-2 minuty, aż churros będą złotobrązowe.

g) W międzyczasie wymieszaj cynamon i cukier w małym naczyniu.

h) Po wyjęciu churros z piekarnika obtocz je w mieszance cynamonu i cukru, aż całkowicie się pokryją. Odłożyć na bok.

24.   Ukąszenia Bouillabaisse

Składniki:

- 24 średnie Krewetki -- obrane i
- zdeterminowany
- 24 średnie Przegrzebki morskie
- 2 szklanki sosu pomidorowego
- 1 puszka mielonych małży (6-1/2 uncji)
- 1 łyżka Pernodu
- 20 mililitrów
- 1 liść laurowy
- 1 łyżeczka bazylii
- $\frac{1}{2}$ łyżeczki soli
- $\frac{1}{2}$ łyżeczki świeżo zmielonego pieprzu
- Czosnek - posiekany
- Szafran

Wskazówki:

a) Szaszłyki z krewetek i przegrzebków na 8-calowych bambusowych szaszłykach, używając 1 krewetki i 1 przegrzebka na szpikulec; Owiń ogon krewetki wokół przegrzebka.

b) W rondlu wymieszaj sos pomidorowy, małże, Pernod, czosnek, liść laurowy, bazylię, sól, pieprz i szafran. Doprowadź mieszaninę do wrzenia.

c) Ułóż rybę na szaszłyku w płytkim naczyniu do pieczenia.

d) Skropić sosem szaszłyki. Piec bez przykrycia w temperaturze 350 stopni przez 25 minut. Sprawia, że 24

25. Filiżanki kalafiora

Składniki:

- 1 1 / ₂ szklanki ryżu kalafiorowego
- 1/4 szklanki posiekanej cebuli
- 1 / ₂ szklanki rozdrobnionego sera pepper jack
- 1/2 łyżeczki suszonego oregano
- 1/2 łyżeczki suszonej bazylii
- 1/2 łyżeczki soli _
- 1 duże jajko, lekko ubite

Wskazówki:

a) Rozgrzej piekarnik do 350 ° F.

b) Połącz wszystkie składniki w dużej misce do mieszania i mieszaj, aby się połączyły.

c) Nałóż mieszankę do dołków foremki na mini muffiny i lekko zapakuj.

d) Piec 30 minut lub do momentu, aż babeczki zaczną się chrupiące. Pozostawić do lekkiego ostygnięcia i wyjąć z formy.

26.   Filiżanki Maca i Sera

Składniki:

- Makaron łokciowy 8 uncji
- 2 łyżki solonego masła
- 1/4 łyżeczki papryki (użyj wędzonej papryki jeśli masz)
- 2 łyżki mąki
- 1/2 szklanki pełnego mleka
- 8 uncji ostrego startego sera cheddar
- posiekany szczypiorek lub dymka do dekoracji
- masło do wysmarowania formy

Wskazówki:

a) Nasmaruj bardzo dobrze masłem nieprzywierającą: formę do mini muffinek lub nieprzywierającą: spray do gotowania. Rozgrzej piekarnik do 400 stopni F.

b) Doprowadź garnek z osoloną wodą do wrzenia na dużym ogniu, a następnie gotuj makaron 2 minuty krócej niż jest napisane na opakowaniu.

c) Rozpuść masło i dodaj paprykę. Dodaj mąkę i mieszaj mieszaninę przez 2 minuty. W trakcie ubijania dodać mleko.

d) Zdejmij garnek z ognia i dodaj sery i odcedzony makaron, mieszając wszystko razem, aż ser i sos dobrze się rozprowadzą.

e) Porcjuj mac i ser do foremek na muffiny, łyżką lub 3-łyżkową szufelką do ciastek.

f) Piec kubki z makiem i serem przez 15 minut, aż będą bulgotać i być lepkie.

27. <u>Filiżanki do quiche po bolońsku</u>

Składniki:

- 12 Plasterki bolońskiej
- 2 jajka
- $\frac{1}{2}$ szklanki mieszanki herbatników
- $\frac{1}{2}$ szklanki Rozdrobnionego ostrego sera
- $\frac{1}{4}$ szklanki Słodki marynowany przysmak
- 1 szklanka mleka

Wskazówki:

e) Plasterki bolońskiej ułożyć w lekko natłuszczonych foremkach na muffinki, formując foremki.

f) Pozostałe składniki wymieszać ze sobą. Przelej do filiżanek bolońskich.

g) Piec w temperaturze (400 F) przez 20-25 minut lub do uzyskania złotego koloru.

28.   Kubek do prosciutto do muffinek

Składniki:

- 1 plaster prosciutto (około 1 / $_2$ uncji)
- 1 średnie żółtko
- 3 łyżki pokrojonego w kostkę Brie
- 2 łyżki pokrojonego w kostkę sera mozzarella
- 3 łyżki startego parmezanu

Wskazówki:

a) Rozgrzej piekarnik do 350 ° F. Wyjmij foremkę na muffiny z dołkami o szerokości około 2 $_{1/2}$ " i głębokości 1 1/2 " .

b) Złóż plaster prosciutto na pół, aby stał się prawie kwadratowy. Umieść go w foremce na muffiny, aby całkowicie go wyłożyć.

c) Umieść żółtko w kubku prosciutto.

d) Delikatnie dodaj sery na wierzchu żółtka, nie łamiąc go.

e) Piec około 12 minut, aż żółtko będzie ugotowane i ciepłe, ale nadal płynne.

f) Pozostawić do ostygnięcia na 10 minut przed wyjęciem z foremki na muffinki.

29.   Filiżanki z brukselki

Składniki:

- 12 średnich brukselek
- 6 uncji ziemniaków Yukon Gold
- 2 łyżki stołowe Odtłuszczone mleko
- 1 łyżka stołowa Oliwa z oliwek
- $\frac{1}{8}$ łyżeczki Sól
- 2 uncje Wędzonego pstrąga, bez skóry
- 1 Pieczona czerwona papryka, pokrojona w paski 2 cale na 1/8 cala

Wskazówki:

a) rozgrzej piekarnik do 350

b) Odetnij łodygi, przekrój wzdłuż na pół, usuń rdzeń, pozostawiając kieliszki z ciemnozielonymi liśćmi.

c) Paruj kubki z kiełkami przez 6 minut lub do momentu, aż będą miękkie po przekłuciu ostrym nożem i nadal będą jasnozielone.

d) Odsączyć do góry dnem na ręcznikach papierowych. Ziemniaki ugotować do miękkości, odcedzić, dodać mleko, oliwę z oliwek i sól.

e) Ubijaj, aż będzie gładkie. Delikatnie złóż pstrąga. $+\frac{1}{4}$> łyżką do muszli i ułóż paski papryki na wierzchu.

30. Filiżanki Endywia

Składniki:

- 1 duże jajko na twardo, obrane
- 2 łyżki tuńczyka z puszki w oliwie z oliwek, odsączonego
- 2 łyżki pulpy z awokado
- 1 łyżeczka świeżego soku z limonki
- 1 łyżka majonezu
- 1/8 łyżeczki soli morskiej
- 1/8 łyżeczki czarnego pieprzu
- 4 liście endywii belgijskiej, umyte i wysuszone

Wskazówki:

a) W małym robocie kuchennym wymieszaj wszystkie składniki oprócz cykorii, aż dobrze się połączą.

b) Nałóż 1 łyżkę mieszanki tuńczyka na każdą filiżankę cykorii.

31.   <u>Kubki do taco</u>

Składniki:

- Chili w proszku , kminek, papryka
- Sól , czarny pieprz
- 1/4 łyżeczki suszonego oregano
- 1/4 łyżeczki pokruszonych płatków czerwonej papryki
- 1/4 łyżeczki czosnku granulowanego
- 1/4 łyżeczki cebuli granulowanej
- 1 funt 75% chudej mielonej wołowiny
- 8 (1 uncja) plasterków ostrego sera Cheddar
- 1/2 szklanki salsy bez dodatku cukru
- 1/4 szklanki posiekanej kolendry
- 3 łyżki sosu Frank's Red-hot

Wskazówki:

a) Rozgrzej piekarnik do 375 ° F. Wyłóż blachę do pieczenia pergaminem.

b) Połącz przyprawy w małej misce i mieszaj, aby wymieszać. Gotuj mieloną wołowinę na średniej patelni na średnim ogniu. Gdy wołowina jest prawie gotowa, dodaj mieszankę przypraw i wymieszaj, aby całkowicie się pokryła. Zdjąć z ognia i odstawić.

c) Ułóż plastry sera Cheddar na wyłożonej papierem do pieczenia blasze. Piec w nagrzanym piekarniku 5 minut lub do momentu, aż zacznie się rumienić. Pozostaw do ostygnięcia na 3 minuty, a następnie zdejmij z blachy do pieczenia i przenieś każdy plasterek do zagłębienia w blaszce na muffiny, tworząc filiżankę. Pozostawić do ostygnięcia.

d) Nałóż równe ilości mięsa do każdej filiżanki i posyp 1 łyżką salsy. Posyp kolendrą i ostrym sosem na wierzchu.

32. Kubki z szynką i cheddarem

Składniki:

- 2 kubki Mąka uniwersalna
- $\frac{1}{4}$ szklanki Cukier
- 2 łyżeczki Proszek do pieczenia
- 1 łyżeczka Sól
- $\frac{1}{4}$ łyżeczki Pieprz
- 6 jajek
- 1 filiżanka mleko
- $\frac{1}{2}$ funta W pełni ugotowana szynka; pokrojony w kostkę
- $\frac{1}{2}$ funta sera Cheddar; pokrojone w kostkę lub rozdrobnione
- $\frac{1}{2}$ funta Pokrojony bekon; gotowane i kruszone
- 1 mały Cebula; drobno posiekane

Wskazówki:

a) W misce wymieszać mąkę, cukier, proszek do pieczenia, sól i pieprz. Ubij jajka i mleko; wymieszać z suchymi składnikami, aż dobrze się połączą. Wymieszać z szynką, serem, boczkiem i cebulą.

b) Napełnij dobrze wysmarowane foremki na muffinki do trzech czwartych.

c) Piec w temperaturze 350° przez 45 minut . Ostudzić przez 10 minut przed wyjęciem na metalową podstawkę.

33. **<u>Krewetki koktajlowe</u>**

Składniki:

- 1 Pęczek szalotki/szalotki
- $\frac{1}{2}$ dużego pęczka pietruszki
- 2 puszki Pimenty w całości
- 2 duże strąki czosnku
- 3 części oleju sałatkowego na 1 część
- biały ocet
- Sól
- Pieprz
- Sucha musztarda
- czerwona papryka
- 5 funtów Gotowane łuskane oczyszczone
- Krewetki lub rozmrożone zamrożone

Wskazówki:

a) Drobno posiekaj warzywa w robocie kuchennym lub blenderze. Dodać do mieszanki oliwy z octem. Dobrze wymieszaj. Doprawiamy do smaku innymi przyprawami.

b) Wlać mieszankę na krewetki, kilkakrotnie obrócić. Przechowywać w lodówce przez co najmniej 24 godziny, od czasu do czasu mieszając. Odcedź płyn do podania. Podawać z wykałaczkami.

34.   Kebaby koktajlowe

Składniki:

- 8 dużych Krewetki, gotowane
- 2 Zielone cebule, pokrojone
- $\frac{1}{2}$ Czerwona papryka, pozbawiona nasion, pokrojona w cienkie paski
- 8 małych Dojrzałe lub zielone oliwki
- 1b Ząbek czosnku, rozgnieciony
- 2 łyżki stołowe Sok cytrynowy
- 2 łyżki stołowe Oliwa z oliwek
- 1 łyżeczka Cukier
- 1 łyżeczka Grubo mielona musztarda
- $\frac{1}{4}$ łyżeczki Kremowy chrzan

Wskazówki:

a) Usuń głowy i skorupy z krewetek, ale pozostaw na skorupach ogonowych.

b) Devein krewetek poprzez usunięcie czarnego rdzenia kręgowego. Pokrój każdą zieloną cebulę na 4 stokrotki. Umieść krewetki, zieloną cebulę, paprykę i oliwki w misce.

c) Wymieszaj czosnek, sok z cytryny, oliwę z oliwek, cukier, musztardę i chrzan.

d) Zalać mieszanką krewetek, przykryć i marynować przez co najmniej 2 godziny, od czasu do czasu mieszając. Wyjmij składniki z marynaty i nawlecz równomiernie na 8 drewnianych wykałaczek. Osączyć na ręcznikach papierowych.

35. Koktajlowe kasztany wodne

Składniki:

- 8½ uncji puszka kasztanów wodnych
- Zachowaj 1/2 szklanki płynu
- ½ szklanki Ocet
- 12 plasterków bekonu, przekrojonych na pół
- ¼ szklanki brązowy cukier
- ¼ szklanki łac

Wskazówki:

a) Marynuj kasztany w płynie i occie przez 1 godzinę. Odpływ.
b) Wymieszaj brązowy cukier i keczup; następnie posmarować boczkiem. Roladki z kasztanów w boczku. Zapiąć wykałaczkami.
c) Smaż, aż boczek będzie chrupiący.

36.   Parówki koktajlowe

Składniki:

- ¾ szklanki Gotowa musztarda
- 1 filiżanka Galaretka porzeczkowa
- 1 funt (8-10) frankfurterek Parówki

Wskazówki:

a) Zmieszaj galaretkę musztardowo-porzeczkową w naczyniu do przecierania lub podwójnym bojlerze.

b) Pokrój frankfurterki po przekątnej na kawałki wielkości jednego kęsa. Dodaj do sosu i podgrzej.

37.   Koktajlowe żytnie przystawki

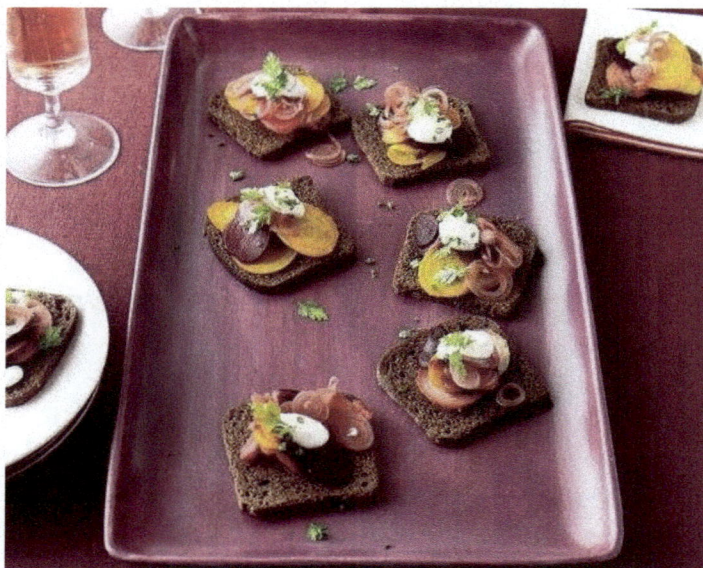

Składniki:

- 1 filiżanka majonez
- 1 filiżanka Rozdrobniony ostry ser cheddar
- ½ szklanki parmezan
- 1 filiżanka Pokrojona zielona cebula
- Koktajlowe kromki chleba żytniego

Wskazówki:

a) Połącz majonez, ser i cebulę. Kopiec około 1½ łyżki stołowej (lub więcej) na każdej kromce chleba.

b) Umieść na blasze do pieczenia i umieść pod brojlerem, aż zaczną bulgotać, uważając, aby się nie spaliły.

38.   Kulki jalapeño z bekonem

Składniki:

- 5 plastrów boczku bez cukru, ugotowanego, z rezerwą tłuszczu
- 1 / 4 szklanki plus 2 łyżki stołowe (3 uncje) twarogu
- 2 łyżki zarezerwowanego tłuszczu z bekonu
- 1 łyżeczka pestek i drobno posiekanej papryczki jalapeño
- 1 łyżka drobno posiekanej kolendry

Wskazówki:

1. NA DESCE DO KROJENIA POKRÓJ BOCZEK W DROBNĄ KOSTKĘ.

2. W MAŁEJ MISCE POŁĄCZ SEREK ŚMIETANKOWY, TŁUSZCZ Z BEKONU, JALAPEÑO I KOLENDRĘ; DOBRZE WYMIESZAĆ WIDELCEM.

3. Z MASY UFORMOWAĆ 6 KULEK.

4. UMIEŚĆ KRUSZONKĘ BEKONU NA ŚREDNIM TALERZU I ROZWAŁKUJ POSZCZEGÓLNE KULKI, ABY RÓWNOMIERNIE SIĘ POKRYŁY.

5. PODAWAĆ OD RAZU LUB PRZECHOWYWAĆ W LODÓWCE DO 3 DNI.

39. <u>Kuleczki prosciutto z awokado</u>

Składniki:

- 1/2 szklanki orzechów makadamia
- 1 / 2 duże awokado, obrane i pozbawione pestek (około 4 uncji miąższu)
- 1 uncja ugotowanego prosciutto, pokruszonego
- 1/4 łyżeczki czarnego pieprzu

Wskazówki:

A) W MAŁYM ROBOCIE KUCHENNYM ZMIEL ORZECHY MAKADAMIA, AŻ DO RÓWNOMIERNEGO POKRUSZENIA. PODZIEL NA PÓŁ.

B) W MAŁEJ MISCE POŁĄCZ AWOKADO, POŁOWĘ ORZECHÓW MAKADAMIA, KRUSZONKĘ PROSCIUTTO I PIEPRZ I DOBRZE WYMIESZAJ WIDELCEM.

C) Z MASY UFORMOWAĆ 6 KULEK.

D) UMIEŚĆ POZOSTAŁE POKRUSZONE ORZECHY MAKADAMIA NA ŚREDNIM TALERZU I ROZWAŁKUJ POSZCZEGÓLNE KULKI, ABY RÓWNOMIERNIE SIĘ POKRYŁY.

E) NATYCHMIAST PODAWAJ.

40.   Kulki z grilla

Składniki:

- 4 uncje (1/2 szklanki) sera śmietankowego
- 4 łyżki tłuszczu z bekonu
- 1/2 łyżeczki aromat dymu
- 2 krople gliceryny stewii
- 1/8 łyżeczki octu jabłkowego
- 1 łyżka słodkiego wędzonego chili w proszku

Wskazówki:

A) W MAŁYM ROBOCIE KUCHENNYM PRZETWARZAJ WSZYSTKIE SKŁADNIKI OPRÓCZ PROSZKU CHILI, AŻ UTWORZĄ GŁADKI KREM, OKOŁO 30 SEKUND.

B) ZESKROB MIESZANINĘ I PRZENIEŚ DO MAŁEJ MISKI, A NASTĘPNIE WSTAW DO LODÓWKI NA 2 GODZINY.

C) ZA POMOCĄ ŁYŻKI UFORMOWAĆ 6 KULEK.

D) POSYP KULKI CHILI W PROSZKU, OBRACAJĄC, ABY POKRYĆ JE ZE WSZYSTKICH STRON.

E) PODAWAĆ OD RAZU LUB PRZECHOWYWAĆ W LODÓWCE DO 3 DNI.

41. <u>Klonowe kulki naleśnikowe z bekonem</u>

Składniki:

- 5 plastrów boczku bez cukru, ugotowanego
- 4 uncje (1/2 szklanki) sera śmietankowego
- 1/2 łyżeczki aromatu klonowego
- 1/4 łyżeczki soli _
- 3 łyżki pokruszonych orzechów pekan

Wskazówki:

A) NA DESCE DO KROJENIA POKRÓJ BOCZEK W DROBNĄ KOSTKĘ.

B) W MAŁEJ MISCE POŁĄCZ SEREK ŚMIETANKOWY I KRUSZONKĘ Z BEKONU Z AROMATEM KLONOWYM I SOLĄ; DOBRZE WYMIESZAĆ WIDELCEM.

C) Z MASY UFORMOWAĆ 6 KULEK.

D) UMIEŚĆ POKRUSZONE ORZECHY PEKAN NA ŚREDNIM TALERZU I ROZWAŁKUJ POSZCZEGÓLNE KULKI, ABY RÓWNOMIERNIE SIĘ POKRYŁY.

E) PODAWAĆ OD RAZU LUB PRZECHOWYWAĆ W LODÓWCE DO 3 DNI.

42. Kulki z masłem słonecznym

Składniki:

- 6 łyżek serka mascarpone
- 3 łyżki masła słonecznikowego bez dodatku cukru
- 6 łyżek oleju kokosowego, zmiękczonego
- 3 łyżki niesłodzonych wiórków kokosowych

Wskazówki:

A) W ŚREDNIEJ MISCE WYMIESZAJ SEREK MASCARPONE, MASŁO Z NASION SŁONECZNIKA I OLEJ KOKOSOWY, AŻ POWSTANIE GŁADKA PASTA.

B) Z MASY UFORMOWAĆ KULKI WIELKOŚCI ORZECHA WŁOSKIEGO. JEŚLI MASA JEST ZBYT LEPKA, WŁÓŻ DO LODÓWKI NA 15 MINUT PRZED UFORMOWANIEM KULEK.

C) ROZŁÓŻ PŁATKI KOKOSOWE NA ŚREDNIM TALERZU I ROZWAŁKUJ POSZCZEGÓLNE KULKI, ABY RÓWNOMIERNIE SIĘ POKRYŁY.

43. Kawałki brazylijskiej cebuli

Składniki:

- 1 mały Cebula 1/4 wzdłuż
- 6 łyżek majonezu
- Sól i pieprz
- 6 kromek chleba – skórka usunięta
- 3 łyżki parmezanu - startego

Wskazówki:

a) Rozgrzej piekarnik do 350. Wymieszaj cebulę z 5 łyżkami majonezu oraz solą i pieprzem do smaku. Odłożyć na bok. Posmarować 3 kromki chleba z jednej strony pozostałym majonezem . Pokrój je na ćwiartki.

b) Pokrój pozostałe 3 kromki chleba na ćwiartki i równomiernie posmaruj każdy kwadrat mieszanką cebuli. Na wierzchu ułóż zarezerwowane kwadraty chleba, stroną z majonezem do góry. Ułóż je na blasze do pieczenia i posyp obficie parmezanem.

c) Piec, aż będą lekko złote i lekko spuchnięte, około 15 minut. Natychmiast podawaj.

44. Kulki do pizzy

Składniki:

- 1 / 4 szklanki (2 uncje) świeżego sera mozzarella
- 2 uncje (1/4 szklanki) serka śmietankowego
- 1 łyżka oliwy z oliwek
- 1 łyżeczka koncentratu pomidorowego
- 6 dużych oliwek kalamata, bez pestek
- 12 listków świeżej bazylii

Wskazówki:

A) W MAŁYM ROBOCIE KUCHENNYM PRZETWARZAJ WSZYSTKIE SKŁADNIKI OPRÓCZ BAZYLII, AŻ UTWORZĄ GŁADKI KREM, OKOŁO 30 SEKUND.

B) ZA POMOCĄ ŁYŻKI UFORMUJ Z MASY 6 KULEK.

C) UMIEŚĆ 1 LISTEK BAZYLII NA GÓRZE I NA DOLE KAŻDEJ KULKI I ZABEZPIECZ WYKAŁACZKĄ.

D) PODAWAĆ OD RAZU LUB PRZECHOWYWAĆ W LODÓWCE DO 3 DNI.

45. Kulki z oliwek i fety

Składniki:

- 2 uncje (1/4 szklanki) serka śmietankowego
- 1/4 szklanki (2 uncje) sera feta
- 12 dużych oliwek kalamata, bez pestek
- 1/8 łyżeczki drobno posiekanego świeżego tymianku
- 1/8 łyżeczki świeżej skórki z cytryny

Wskazówki:

a) W małym robocie kuchennym przetwarzaj wszystkie składniki, aż utworzą grube ciasto, około 30 sekund.

b) Zeskrob mieszaninę i przenieś do małej miski, a następnie wstaw do lodówki na 2 godziny.

c) Za pomocą łyżki uformować 6 kulek.

d) Podawać od razu lub przechowywać w lodówce do 3 dni.

46.   <u>Orzechowe kulki brie</u>

Składniki:

- 1 / ₂ szklanki (4 uncje) Brie
- 1/4 szklanki prażonych orzechów laskowych
- 1/8 łyżeczki drobno posiekanego świeżego tymianku

Wskazówki:

a) W małym robocie kuchennym przetwarzaj wszystkie składniki, aż utworzą grube ciasto, około 30 sekund.

b) Zeskrob mieszaninę, przenieś do małej miski i wstaw do lodówki na 2 godziny.

c) Za pomocą łyżki uformować 6 kulek.

d) Podawać od razu lub przechowywać w lodówce do 3 dni.

47. Kulki z tuńczyka w curry

Składniki:

- 1 / ₄ szklanki plus 2 łyżki stołowe (3 uncje) tuńczyka w oleju, odsączone
- 2 uncje (1/4 szklanki) serka śmietankowego
- 1/4 łyżeczki curry w proszku, podzielone
- 2 łyżki pokruszonych orzechów makadamia

Wskazówki:

a) W małym robocie kuchennym przetwarzaj tuńczyka, serek śmietankowy i połowę curry w proszku, aż utworzą gładki krem, około 30 sekund.

b) Z masy uformować 6 kulek.

c) Umieść pokruszone orzechy makadamia i pozostały proszek curry na średnim talerzu i rozwałkuj poszczególne kulki, aby równomiernie się pokryły.

48.   **Bomby wieprzowe**

Składniki:

- 8 plastrów bekonu bez cukru
- 8 uncji Brunszwiku w temperaturze pokojowej
- 1/4 szklanki posiekanych pistacji
- 6 uncji (3/4 szklanki) sera śmietankowego, zmiękczonego do temperatury pokojowej
- 1 łyżeczka musztardy Dijon

Wskazówki:

a) Gotuj boczek na średniej patelni na średnim ogniu, aż będzie chrupiący, 5 minut z każdej strony. Osączyć na ręcznikach papierowych i ostudzić. Po ostygnięciu pokruszyć na kawałki wielkości boczku.

b) Umieść Braunschweiger z pistacjami w małym robocie kuchennym i pulsuj, aż składniki się połączą.

c) W małej misce do mieszania użyj blendera ręcznego, aby ubić serek śmietankowy i musztardę Dijon, aż połączą się i będą puszyste.

d) Mieszankę mięsną podzielić na 12 równych porcji. Uformować kulki i posmarować cienką warstwą masy serowej.

e) Schłodzić co najmniej 1 godzinę. Gdy będziesz gotowy do podania, umieść kawałki bekonu na średnim talerzu, obtocz kulki, aby równomiernie się pokryły i ciesz się.

f) Bomby tłuszczowe można przechowywać w lodówce w hermetycznym pojemniku do 4 dni.

49.   Solone kulki karmelowe i brie

Składniki:

- 1 / ₂ szklanki (4 uncje) grubo posiekanego Brie
- 1/4 szklanki solonych orzechów makadamia
- 1/2 łyżeczki aromatu karmelowego

Wskazówki:

a) W małym robocie kuchennym przetwarzaj wszystkie składniki, aż utworzą grube ciasto, około 30 sekund.

b) Za pomocą łyżki uformuj z masy 6 kulek.

c) Podawać od razu lub przechowywać w lodówce do 3 dni.

50.   Koktajlowe klopsiki

Składniki:

- ¼ szklanki Beztłuszczowy twarożek
- 2 białka jaj
- 2 łyżeczki sos Worcestershire
- ½ szklanki Do tego 2 łyżki zwykłej bułki tartej
- 8 uncji Mielona pierś z indyka
- 6 uncji kiełbasy z indyka; wyjmowane z obudów
- 2 łyżki stołowe Zmielone cebule
- 2 łyżki stołowe Zmielona zielona papryka
- ½ szklanki Posiekane świeże liście pietruszki i selera

Wskazówki:

a) Spryskaj arkusz ciastek sprayem nieprzywierającym i odłóż na bok.

b) W dużej misce wymieszaj twarożek, białka jaj, sos Worcestershire i ½ szklanki bułki tartej. Wmieszaj pierś z indyka, kiełbasę z indyka, cebulę i zieloną paprykę.

c) Z masy drobiowej uformować 32 klopsiki. Na arkuszu woskowanego papieru połącz pietruszkę, liście selera i pozostałe 2 łyżki bułki tartej. Obtocz klopsiki w mieszance pietruszki, aż będą równomiernie pokryte.

d) Przenieś klopsiki na przygotowaną blachę. Broil 3 do 4 cali z ognia przez 10 do 12 minut .

51. <u>Koktajlowe kulki serowe</u>

Składniki:

- 8 uncji sera, zmiękczony
- $\frac{1}{4}$ szklanki Zwykły beztłuszczowy jogurt
- 4 uncje rozdrobnione ser cheddar
- 4 uncje rozdrobnionego szwajcarskiego sera o obniżonej zawartości tłuszczu
- 2 łyżeczki Startej cebuli
- 2 łyżeczki Gotowy chrzan
- 1 łyżeczka Musztarda Dijon w wiejskim stylu
- $\frac{1}{4}$ szklanki Posiekanej świeżej pietruszki

Wskazówki:

a) Połącz ser i jogurt w dużej misce do mieszania; ubijać na średnich obrotach miksera elektrycznego do uzyskania gładkości. Dodaj ser cheddar i kolejne 4 składniki; dobrze wymieszać. Przykryć i schłodzić co najmniej 1 godzinę.

b) Z masy serowej uformować kulę i posypać natką pietruszki. Delikatnie wciśnij pietruszkę w kulę serową. Zawiń kulkę sera w wytrzymałą plastikową folię i schłodź. Podawać z różnymi niesolonymi krakersami.

52.   Surówki ze smakiem

Składniki:

- 2 łyżeczki Oliwa z oliwek
- 1 filiżanka Drobno posiekana cebula
- 1 łyżka stołowa Siekany czosnek
- 1 filiżanka Suszone pomidory w puszce
- 1 łyżeczka Świeży sok z cytryny
- $\frac{1}{4}$ szklanki suszone pomidory
- $\frac{1}{4}$ szklanki Zielone oliwki bez pestek; (około 10)
- $\frac{1}{4}$ szklanki (zapakowane) świeże liście bazylii
- 4 duże odsączone serca karczochów z puszki
- 2 łyżki posiekanej świeżej pietruszki
- 2 łyżki Prażone orzeszki piniowe
- Asortowani warzywa

Wskazówki:

a) Rozgrzej olej na średnim ogniu: patelnia na średnim ogniu. Dodaj cebulę i smaż, aż zacznie mięknąć, około 3 minut. Dodaj czosnek; smażyć 30 sekund. Wymieszaj z pomidorami z puszki i sokiem z cytryny. Doprowadzić do wrzenia. Zdjąć z ognia.

b) Połącz suszone pomidory i kolejne 5 składników w blenderze. Używając włącz/wyłącz obroty, przetwarzaj, aż warzywa zostaną drobno posiekane. Przełożyć do średniej miski. Wymieszaj mieszankę pomidorową. Dopraw solą i pieprzem.

53. Crudity zielone i białe

Składniki:

54.   ½ szklanki Jogurt naturalny
55.   ½ szklanki Kwaśna śmietana
56.   ½ szklanki majonez
57.   1½ łyżeczki ocet z białego wina; lub do smaku
58.   1½ łyżeczki Musztarda gruboziarnista
59.   1 duży Ząbek czosnku; mielone i puree
60.   1 łyżeczka Anyż; zgnieciony
61.2 łyżeczki Pernod; lub do smaku
62.   1½ łyżki Zmielone liście estragonu
63.   12 filiżanek Różne crudités

Wskazówki:

a) W misce wymieszaj wszystkie składniki oprócz ziół z solą i pieprzem do smaku. Chłodny dip, pod przykryciem, co najmniej 4 godziny i do 4 dni. Tuż przed podaniem wymieszać z estragonem i trybulą.

b) Ułóż dekoracyjnie crudités na wielopoziomowym talerzu do serwowania lub w dużym koszu i podawaj z dipem.

54. surowe kalarepy

Składniki:

- ½ szklanki Sos sojowy; światło
- ½ szklanki Ocet ryżowy
- 1 łyżeczka Ziarenka sezamu; Opieczony
- 1 łyżka stołowa Szalotki; mielony
- 4 filiżanki plastry kalarepy; pokroić na kawałki

Wskazówki:

a) Połącz sos sojowy, ocet, nasiona sezamu i dymkę.
b) Podawać w misce otoczonej kawałkami kalarepy. Zapewnij kostki do jedzenia.

55. Remulada z surówką warzywną

Składniki:

- $\frac{1}{2}$ szklanki Musztarda kreolska lub brązowa
- $\frac{1}{2}$ szklanki Olej sałatkowy
- $\frac{1}{4}$ szklanki łac
- $\frac{1}{4}$ szklanki Ocet jabłkowy
- $\frac{1}{4}$ łyżeczki sos tabasco
- 2 łyżki stołowe Drobno posiekany seler
- 2 łyżki stołowe Drobno posiekana cebula
- 2 łyżki stołowe Drobno posiekany zielony pieprz
- pomidory koktajlowe
- plasterki grzybów
- Plastry ogórka
- Plasterki selera
- Plasterki marchwi

Wskazówki:

a) Połącz musztardę, olej, keczup, ocet, tabasco i posiekane warzywa; przykryć i schłodzić.

b) Dip podawaj z całymi i pokrojonymi warzywami.

56. Szkielet surowy

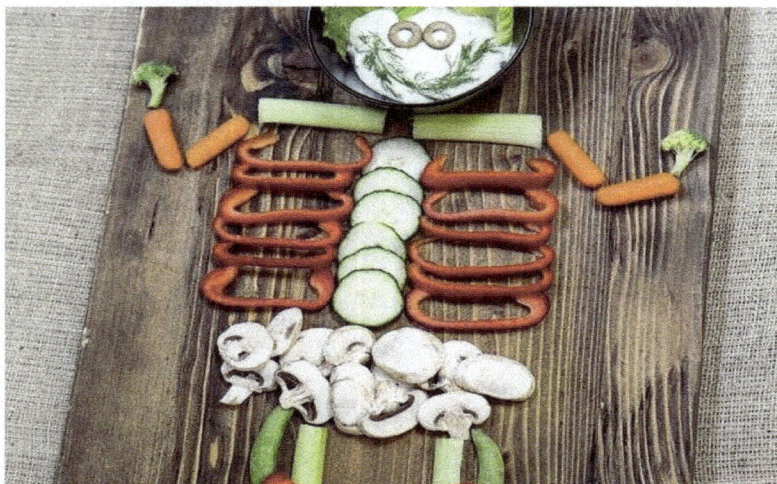

Składniki:

- 3 filiżanki Jogurt niskotłuszczowy
- 1 filiżanka Majo
- ½ szklanki Dżem brzoskwiniowy
- 1 łyżeczka soku pomarańczowego
- ½ łyżeczki curry w proszku
- ½ łyżeczki Pieprz.

Składniki szkieletu

- 1 cukinia przekrojona wzdłuż na pół
- 1 żółta dynia przekrojona na pół
- 6 żeberek selera przekrojonych wzdłuż na pół np
- 1 ogórek pokrojony w ćwiartki
- 1 marchewka pokrojona w słupki
- 10 małych paluszków marchewkowych
- 1 czerwona papryka pokrojona w paski o grubości 2 cali
- 1 żółta papryka pokrojona w paski o grubości 2 cali
- 2 różyczki brokuła / 2 różyczki kalafiora
- 10 groszków śnieżnych / 2 pomidorki koktajlowe
- 2 pieczarki / 1 rzodkiewka
- 4 fasolki szparagowe / 2 fasolki żółte

Wskazówki:

a) Wymieszaj razem 3 szklanki niskotłuszczowego jogurtu, 1 szklankę majonezu, ½ szklanki dżemu brzoskwiniowego, 1 łyżkę soku pomarańczowego, ½ łyżeczki curry w proszku i ½ łyżeczki pieprzu w misce wielkości czaszki lub wydrążonej główce sałaty. Zamrażać.

b) Złóż szkielet

57.   Pikantna zimowa surówka

Składniki:

- 1 czerwona cebula; obrane pokrojone w plasterki
- 1 zielona papryka; zasiane i pokrojone
- 1 czerwona lub żółta papryka; zasiane i pokrojone
- 1 rzepa; obrane i cienko
- 2 szklanki różyczek kalafiora
- 2 szklanki różyczek brokuła
- 1 szklanka marchwi Baby; przycięte
- $\frac{1}{2}$ szklanki Cienko pokrojone rzodkiewki
- 2 łyżki soli
- $1\frac{1}{2}$ szklanki oliwy z oliwek
- 1 żółta cebula; obrane i drobno; posiekana
- $\frac{1}{8}$ łyżeczki nitek szafranu
- Szczypta kurkumy, mielony kminek, czarny pieprz, papryka, cayenne, sól

Wskazówki:

a) Umieść przygotowane warzywa w dużej misce, posyp je 2 łyżkami soli i zalej zimną wodą.

b) Następnego dnia odcedź i opłucz warzywa. Przygotuj marynatę, gotując cebulę, przyprawy i sól na oliwie z oliwek przez 10 minut.

c) Rozłóż warzywa w naczyniu o wymiarach 9 x 13 cali. Zalej je gorącą marynatą.

d) Przełożyć do ozdobnej miski i podawać na zimno lub w temperaturze pokojowej.

58. Trójkolorowy talerz crudites

Składniki:

- $\frac{1}{4}$ szklanki Do tego 1T octu z czerwonego wina
- 3 łyżki musztarda Dijon
- $\frac{1}{2}$ szklanki Do tego 2 łyżki oliwy z oliwek
- 2 łyżki stołowe Mielona świeża bazylia LUB
- 2 łyżeczki Suszona bazylia
- 2 łyżki stołowe Mielony świeży szczypiorek lub
- Zielone cebule
- 1 łyżeczka Posiekany świeży rozmaryn
- 2 Duże ogórki, obrane,
- 2 łyżeczki Sól
- 2 Duże surowe buraki, obrane, starte na tarce
- 2 Duże marchewki, obrane, starte na tarce
- 2 Duża cukinia, starta
- 1 Pęczek rzodkiewek, pokrojonych

Wskazówki:

a) Ubij ocet i musztardę Dijon, aby wymieszać w małej misce. Stopniowo wlewać oliwę z oliwek. Wymieszać z bazylią, szczypiorkiem i rozmarynem. Dopraw solą i pieprzem.

b) Wrzuć ogórki i 2 łyżeczki soli do miski. Odstaw na 1 godzinę. Dobrze spłucz i odsącz. Umieść ogórki w małej misce; dodaj wystarczającą ilość dressingu do płaszcza.

c) Umieść buraki, marchew i cukinię w osobnych miskach. Wrzuć każde warzywo z wystarczającą ilością dressingu do pokrycia.

59.   Ułóż warzywa na talerzu

Składniki:

- 1 filiżanka Kukurydza konserwowa, odsączona
- 1 mały Zielona cebula, posiekana
- 1 zielona papryka, posiekana
- 1 ząbek czosnku, posiekany
- 1 Świeży pomidor, posiekany
- $\frac{1}{4}$ szklanki Świeża natka pietruszki, posiekana
- $\frac{1}{4}$ szklanki Oliwa z oliwek z pierwszego tłoczenia
- 2 łyżki octu balsamicznego
- Sól , Pieprz
- 1 Szczypiorek, posiekany

Wskazówki:

A) KUKURYDZĘ WYMIESZAĆ Z CEBULĄ, ZIELONYM PIEPRZEM, CZOSNKIEM I POMIDOREM. W ODDZIELNEJ MAŁEJ MISCE LUB FILIŻANCE WYMIESZAJ OLIWĘ Z OLIWEK I OCET.

B) ZALAĆ WARZYWAMI, WYMIESZAĆ Z NATKĄ PIETRUSZKI; DOPRAWIĆ SOLĄ I PIEPRZEM. UDEKORUJ KAŻDĄ PORCJĘ SZCZYPIORKIEM.

60.   Guacamole z kozim serem

Porcje: 4-6

Składniki

- 2 awokado
- 3 uncje koziego sera
- skórka z 2 limonek
- sok z cytryny z 2 limonek
- $\frac{3}{4}$ łyżeczki czosnku w proszku
- $\frac{3}{4}$ łyżeczki cebuli w proszku
- $\frac{1}{2}$ łyżeczki soli
- $\frac{1}{4}$ łyżeczki płatków czerwonej papryki (opcjonalnie)
- $\frac{1}{4}$ łyżeczki pieprzu

Wskazówki:

a) Dodaj awokado do robota kuchennego i zmiksuj na gładką masę. Dodać pozostałe składniki i miksować do połączenia.

b) Podawać z frytkami.

61.   Bawarski dip/pasta na przyjęcie

Wydajność: 1 1/4 funta

Składniki:

- $\frac{1}{2}$ szklanki cebuli, posiekanej
- 1 funt Brunszwiku
- 3 uncje Serek śmietankowy
- $\frac{1}{4}$ łyżeczki czarnego pieprzu

Wskazówki:

a) Podsmaż cebulę 8-10 minut, często mieszając; zdjąć z ognia i odcedzić. Zdjąć osłonkę z Braunschweiger i zmiksować mięso z serkiem śmietankowym na gładką masę. Wymieszać z cebulą i pieprzem.

b) Podawaj jako pastę z wątróbek na krakersach, cienko pokrojonym żytnim przyjęciu lub jako dip w towarzystwie różnych świeżych surowych warzyw, takich jak marchew, seler, brokuły, rzodkiewka, kalafior lub pomidorki koktajlowe.

62. <u>Dip z pieczonego karczocha</u>

Składniki:

- 1 Bochenek dużego ciemnego chleba żytniego
- 2 łyżki masła
- 1 pęczek Zielona cebula; posiekana
- 6 ząbków świeżego czosnku; drobno posiekane, do 8
- 8 uncji Ser śmietankowy; w temp. pokojowej
- 16 uncji Kwaśna śmietana
- 12 uncji Rozdrobniony ser cheddar
- 1 może (14 uncji) serca karczochów; odsączone i pokrojone na ćwiartki (napełnione wodą, nie marynowane)

Wskazówki:

a) Wytnij otwór w górnej części bochenka chleba o średnicy około 5 cali. Usuń miękki chleb z pokrojonej porcji i wyrzuć. Zarezerwuj skórkę, aby zrobić wierzch bochenka.

b) Wydrąż większość miękkiej wewnętrznej części bochenka i zachowaj do innych celów, takich jak nadzienie lub suszona bułka tarta. w maśle,

c) Podsmaż zieloną cebulę i czosnek, aż cebula się zeszkli. Serek śmietankowy kroimy na małe kawałki, dodajemy cebulę, czosnek, śmietanę i ser cheddar. Dobrze wymieszaj. Złóż serca karczochów , z całej tej mieszanki wydrążony chleb. Umieść wierzch na chlebie i zawiń w wytrzymałą folię aluminiową . Piec w piekarniku nagrzanym do 350 stopni przez 1,5 godziny.

d) Gdy będzie gotowy, zdejmij folię i podawaj, używając koktajlowego chleba żytniego do zanurzenia sosu.

63. Kanapki ze szparagami i fetą

Składnik
- 20 kromek Cienki biały chleb
- 4 uncje niebieskiego sera
- 8 uncji Serek śmietankowy
- 1 jajko
- 20 szparagów z puszki odsączonych
- $\frac{1}{2}$ szklanki roztopionego masła

Wskazówki:

a) Z chleba odkrój skórki i spłaszcz je wałkiem do ciasta. Zmiksuj sery i jajko do konsystencji nadającej się do obróbki i rozprowadź równomiernie na każdej kromce chleba. Na każdym plastrze połóż szparagi i zwiń. Zanurzać w roztopionym maśle, aby dokładnie się pokryło. Ułożyć na blaszce i zamrozić.

b) Gdy mocno zamrozi, pokrój na kawałki wielkości kęsa. (Jeśli zamrażasz na przyszły termin, umieść kawałki wielkości kęsa w torebce do zamrażania - nie rozmrażaj, aby ugotować) Umieść na blasze do pieczenia i piecz w temperaturze 400 F przez 20 min.

64. kanapki z owocami morza

Składnik

- 1 filiżanka Gotowane owoce morza, płatki
- 6 plasterków chleb pszenny
- $\frac{1}{4}$ szklanki Masło
- $\frac{1}{4}$ szklanki Cheddar lub 1/3 szklanki ketchupu lub sosu chili
- Ser amerykański, tarty

Wskazówki:

a) Chleb tostowy z jednej strony; odetnij skórki i przekrój chleb na pół.

b) Masło bez opiekanych boków; przykryć warstwą owoców morza, następnie ketchupem i posypać serem. Umieść kanapki na blasze do pieczenia pod brojlerem.

c) Zapiekaj, aż ser się roztopi, a kanapki podgrzeją.

d) Robi 12 kanapek .

65. Kanapki z kawiorem i przystawki

Składnik

- chleb pokrojony w kształty lub Melbas
- pasta do sałatek jajecznych
- pasta z kawioru, mielonej cebuli i cytryny
- sok
- pojedyncza mała krewetka jako dodatek.
- jeden krążek pokrojonej, surowej, łagodnej cebuli

Wskazówki:

a) zanurz plasterek ogórka w sosie francuskim i umieść wewnątrz krążka cebulowego

b) przykryj ogórka kopczykiem z kawioru doprawionego sok z cytryny i cebuli

c) Udekoruj kaparami, szczypiorkiem lub ugotowanymi na twardo jajkami ryżowymi.

66. Kanapki Fromage-chevre

Składnik

- 10 małych czerwonych ziemniaków (3/4 funta)
- Spray do gotowania warzyw
- $\frac{1}{4}$ łyżeczki soli
- $\frac{1}{4}$ szklanki odtłuszczonego mleka
- 6 uncji Chevre (łagodny kozi ser)
- 20 liści endywii belgijskiej (3 średnie główki)
- 10 Beznasienne czerwone winogrona, przekrojone na pół
- 1 łyżka kawioru

Wskazówki:

a) Ziemniaki gotowane na parze, pod przykryciem, 13 minut lub do miękkości; ostudzić.

b) Lekko pokryj ziemniaki sprayem do gotowania i przekrój na pół. Wytnij i odrzuć cienki plasterek od spodu każdej połówki ziemniaka, aby wstał.

c) Połówki ziemniaków posypać solą.

d) Połącz mleko i ser w misce; dobrze wymieszać.

e) Mieszankę przełożyć łyżką do rękawa cukierniczego z końcówką w kształcie dużej gwiazdy; mieszanką fajki na połówki ziemniaków i liście cykorii. Przykryj każdy liść endywii połówką winogrona. Przykryj i schłódź, jeśli chcesz.

67. <u>Pożywne kanapki z grzybami</u>

Składnik

- ¼ szklanki posiekanych grzybów
- ¼ szklanki rozdrobnionego sera Monterey Jack
- ¼ szklanki majonezu
- 3 kromki chleba żytniego
- 1½ łyżeczki startego parmezanu

Wskazówki:

a) Chleb żytni tostujemy i kroimy na pół.

b) Przykryj każdą połówkę mieszanką grzybowo-serową i posyp parmezanem i piecz w temperaturze 350 F przez 15-20 minut lub do momentu, gdy ser się zarumieni.

68.   <u>Kanapki Rumaki</u>

Składnik

- ½ szklanki Woda
- 1 łyżeczka Bulion z kurczaka
- 250 gramów Wątróbki drobiowe
- 1 łyżka stołowa Szoju
- ½ łyżeczki Cebula w proszku, sucha musztarda
- ¼ łyżeczki Gałka muszkatołowa
- ¼ szklanki Wytrawna sherry
- 1 kreska Sos pieprzowy
- 220 gramów Kasztany wodne
- 6 Bekon

Wskazówki:

a) W garnku o pojemności 1 kwarty połącz wodę, bulion i wątróbki. Gotuj na wysokim poziomie 4-5 minut , aż przestanie być różowy. Odpływ.

b) Gotuj bekon na ręczniku papierowym na wysokim poziomie 5-6 minut , aż będzie chrupiący. Rozdrobnij i odłóż na bok.

c) Do robota kuchennego włożyć wątróbki, shoyu, cebulę i musztardę, gałkę muszkatołową i sherry. Miksuj do uzyskania gładkości. Oszczędnie dodaj sos pieprzowy. Wmieszaj kasztany wodne i bekon.

d) Rozsmarować grubo na trójkątach tostowych lub krakersach. Przygotuj wcześniej i podgrzej, układając na talerzu wyłożonym papierem. Użyj med-high power przez 1-2 minuty , aż się rozgrzeje.

e) Udekoruj plasterkiem oliwki lub ziela angielskiego.

69. <u>Kanapki z musem z łososia</u>

Składnik

- $7\frac{1}{2}$ uncji łososia czerwonego z puszki, odsączonego
- 2 uncje Wędzonego łososia, pokrojonego na 1-calowe kawałki
- $\frac{1}{4}$ łyżeczki startej skórki z cytryny
- 3 łyżki beztłuszczowego majonezu
- 1 łyżka świeżego soku z cytryny
- $\frac{1}{4}$ szklanki mielonej czerwonej papryki
- 2 łyżki mielonej zielonej cebuli
- 1 łyżka posiekanej świeżej pietruszki
- 1 odrobina Świeżo zmielonego pieprzu
- 8 kromek Piernikowego chleba na imprezę
- 8 kromek chleba żytniego na imprezę
- 4 krakersy z chleba chrupkiego żytniego, przełamane na pół
- $\frac{1}{2}$ szklanki kiełków lucerny

Wskazówki:

a) Wyrzuć skórę i kości z łososia w puszce; płatki z łososia widelcem.

b) Umieść ostrze noża w misce robota kuchennego; dodać łososia, łososia wędzonego i kolejne 3 składniki. Przetwarzaj, aż będzie gładkie.

c) Wlać do miski; wymieszać z papryką i następnymi 3 składnikami. Przykryć i schłodzić. Wydajność: 2 tuziny przystawek (wielkość porcji: 1 przystawka).

70. <u>Kanapki z nadzieniem z kiełków</u>

Składnik

- 1 opakowanie kanapek o dowolnym kształcie
- 1 szklanka kiełków fasoli
- $\frac{1}{2}$ szklanki drobno posiekanej cebuli
- $\frac{1}{2}$ szklanki drobno posiekanego pomidora
- $\frac{1}{4}$ szklanki Drobno posiekanej kolendry
- $\frac{1}{4}$ szklanki Drobno posiekanego gotowanego ziemniaka
- $\frac{1}{2}$ cytryny
- Sól dla smaku
- Świeżo zmielony proszek z nasion kminku
- 4 drobno posiekane zielone papryczki chilli; (4 do 5)
- 1 szklanka dobrego bikaneri sev; (opcjonalny)
- $\frac{1}{2}$ szklanki chutneyu z tamaryndowca
- $\frac{1}{2}$ szklanki zielonego chutney
- Olej do głębokiego smażenia lub piekarnik do pieczenia

Wskazówki:
a) Smażymy je na głębokim tłuszczu do jasnobrązowego koloru. Osącz na ręczniku kuchennym. Zrób wszystkie kanapki i odłóż je na bok.
b) Wymieszaj razem cebulę, pomidor, ziemniaki, połowę kolendry, cytrynę, sól i zielone chilli. Chłodzimy przez jakiś czas.
c) kanapek miksturą połóż odrobinę obu chutney na wierzchu. Posypać szczyptą soli i kminkiem w proszku (jeera). Udekoruj sev i pozostałą kolendrą.

71. Ukąszenia z tuńczyka i ogórka

- 2 (5 uncji) puszki tuńczyka zapakowane w wodę, odsączone
- 2 duże jajka na twardo, obrane i posiekane
- 1/2 szklanki majonezu _
- 1/2 łyżeczki soli _
- 1/2 łyżeczki czarnego pieprzu
- 2 łyżeczki koziego sera
- 1 średni ogórek, pokrojony w plastry

Wskazówki:

a) Umieść tuńczyka w średniej misce z posiekanymi jajkami, majonezem, solą i pieprzem. Rozgniataj widelcem, aż się połączą.

b) Rozłóż równą ilość koziego sera na każdym plasterku ogórka i posyp sałatką z tuńczyka.

72. <u>Sałatka z buraków jako przystawka</u>

Składnik

- 2 funty buraków
- Sól
- ½ każdego Hiszpańska cebula, pokrojona w kostkę
- 4 Pomidory obrane ze skóry, pozbawione nasion i pokrojone w kostkę
- 2 łyżki octu
- 8 łyżek oliwy z oliwek
- Czarne oliwki
- 2 szt Ząbki czosnku, posiekane
- 4 łyżki Włoska pietruszka, posiekana
- 4 łyżki Kolendra, posiekana
- 4 średnie Ziemniaki, gotowane
- Sól i pieprz
- Ostra czerwona papryka

Wskazówki:

a) Odetnij końcówki buraków. Dobrze umyć i ugotować w osolonej wodzie do miękkości. Odcedź i zdejmij skórki pod bieżącą zimną wodą. Kostka do gry.

b) Składniki dressingu wymieszać.

c) Połącz buraki w salaterce z cebulą, pomidorem, czosnkiem, kolendrą i pietruszką. Zalać połową dressingu, delikatnie wymieszać i schłodzić przez 30 minut. Ziemniaki pokroić w plasterki, włożyć do płytkiej miski i wymieszać z pozostałym dressingiem. Chłod.

d) Gdy wszystko będzie gotowe, ułóż buraki, pomidory i cebulę na środku płytkiej miski i ułóż wokół nich ziemniaki w kształcie pierścienia. Udekoruj oliwkami.

73. <u>Kubki endywii z sałatką z jajek curry</u>

Składnik

- 1 duże jajko na twardo, obrane
- 1 łyżeczka curry w proszku
- 1 łyżka oleju kokosowego
- 1/8 łyżeczki soli morskiej
- 1/8 łyżeczki czarnego pieprzu
- 2 liście endywii belgijskiej, umyte i wysuszone

Wskazówki:

A) W MAŁYM ROBOCIE KUCHENNYM WYMIESZAJ WSZYSTKIE SKŁADNIKI OPRÓCZ CYKORII, AŻ DOBRZE SIĘ POŁĄCZĄ.

B) NAŁÓŻ 1 ŁYŻKĘ MIESZANKI SAŁATEK JAJECZNYCH NA KAŻDĄ FILIŻANKĘ CYKORII.

C) NATYCHMIAST PODAWAJ.

74. <u>Przystawka z krewetkami nasturcji</u>

Składnik

- 2 łyżeczki świeżego soku z cytryny
- $\frac{1}{4}$ szklanki oliwy z oliwek
- Sól i pieprz
- 1 szklanka gotowanych krewetek; posiekana
- 2 łyżki mielonej cebuli
- 1 mały pomidor; pokrojony w kostkę
- 1 awokado; pokrojony w kostkę
- Liście sałaty
- 2 łyżki posiekanych liści nasturcji
- Kwiaty nasturcji

Wskazówki:

a) Wymieszaj sok z cytryny i olej. Dopraw solą i pieprzem. Dodaj cebulę i krewetki i wymieszaj. Odstaw na 15 minut.

b) Dodaj pomidora, awokado i posiekane liście nasturcji. Ułożyć na liściach sałaty i otoczyć świeżymi całymi kwiatami nasturcji.

75. Sałatka z cukinii jako przystawka

Składnik

- ½ szklanki Świeży sok z cytryny
- ½ szklanki Olej sałatkowy
- 1 duży Ząbek czosnku
- Sól i pieprz do smaku
- 2 szczypty Cukier
- 8 Cukinia
- Liście sałaty
- 2 średnie Pomidory wielkości
- ½ małej posiekanej zielonej papryki
- 3 łyżki Bardzo drobno posiekana szalotka
- 1 łyżka stołowa kapary
- 1 gałązka pietruszki
- 1 łyżeczka Bazylia
- ½ łyżeczki Oregano

Wskazówki:

a) Dressing : Połącz wszystkie składniki i odstaw.

b) Sałatka: Dusić nieobraną cukinię w całości w osolonej wodzie przez około 5 minut bez przykrycia. Wylej gorącą wodę i natychmiast przepłucz zimną wodą, aby zatrzymać proces gotowania. Odpływ. Każdą cukinię przekrój wzdłuż na pół.

c) Ostrożnie wydrąż miąższ . Ułóż cukinię przecięciem do góry w płaskim niemetalowym naczyniu. Przykryć połową dressingu.

d) Przykryj szczelnie folią, włożyć do lodówki do marynowania na co najmniej 4 godziny.

76. Przystawka do sałatki z papryki

Składnik

77.   6 dużych Słodka papryka

78.1 średnia cebula; grubo posiekane

79.   Sól i pieprz do smaku

80.   3 łyżki octu (więcej w razie potrzeby)

81. $\frac{1}{4}$ szklanki oliwy z oliwek

82.   Oregano

Wskazówki:

a) Piec papryki w gorącym piekarniku o temperaturze 450 F przez około 20 minut lub do zwiędnięcia i miękkości. Usuń nasiona i zewnętrzną skórkę.

b) Pokrój na kawałki i umieść w misce. Dodaj cebulę, sól i pieprz. Wymieszaj ocet i oliwę z oliwek i dodaj do papryki.

c) Posypać oregano. W razie potrzeby dostosuj przyprawy.

77. <u>Sałatka antipasto na imprezę</u>

Składnik

- 1 może (16 uncji) serca karczochów; odsączone/połówki
- 1 funt Mrożona brukselka
- $\frac{3}{4}$ funtów Pomidory czereśniowe
- 1 słoik (5 3/4 uncji) zielonych hiszpańskich oliwek; osuszony
- 1 słoik (12 uncji) papryczek pepperoncini; osuszony
- 1 funt Świeże grzyby; wyczyszczony
- 1 puszka (16 uncji) serc palmowych; opcjonalny
- 1 funt Pepperoni lub salami; pokrojony w kostkę
- 1 słoik (16 uncji) czarnych oliwek; osuszony
- $\frac{1}{4}$ szklanki czerwony ocet winny
- $\frac{3}{4}$ szklanki Oliwa z oliwek
- $\frac{1}{2}$ łyżeczki Cukier
- 1 łyżeczka musztarda Dijon
- Sól; do smaku
- Świeżo zmielony pieprz; do smaku

Wskazówki:

a) Połącz wszystkie składniki przed dodaniem sosu winegret.
b) Przechowywać w lodówce przez 24 godziny.

78.   Różowa sałatka na imprezę

Składnik

- 1 może (nr 2) rozgnieciony ananas
- 24 duże Pianki
- 1 paczka galaretka truskawkowa
- 1 filiżanka Bita śmietana
- 2 kubki sm. twaróg twarogowy
- ½ szklanki Orzechy; posiekana

Wskazówki:

a) Sok z ananasa podgrzać z piankami i galaretką, Fajny.
b) Wymieszaj bitą śmietanę, ananasa, twaróg i orzechy. Dodać pierwszą mieszankę i wymieszać.
c) Schłodzić przez noc.

79. Cajun spamowa sałatka imprezowa

Składnik

- 8 uncji makaronu w kształcie koła wagonu
- 1 może Marynowane serca karczochów (6 uncji)
- 1 może SPAM Mięso obiadowe, pokrojone w kostkę (12 uncji)
- ⅓ szklanki Oliwa z oliwek
- ¼ szklanki Kreolska mieszanka przypraw
- 1 łyżka stołowa Sok cytrynowy
- 1 łyżka stołowa Sos majonezowy lub sałatkowy
- 1 łyżka stołowa Ocet z białego wina
- 1 filiżanka Papryka pokrojona w kostkę
- ½ szklanki Posiekana czerwona cebula
- ½ szklanki Pokrojone dojrzałe oliwki
- Świeża bazylia i suszone oregano
- ½ łyżeczki Sucha musztarda
- ½ łyżeczki Suszone liście tymianku
- 1 ząbek czosnku, posiekany

Wskazówki:

a) Odcedź karczochy, zachowując marynatę; pokroić na ćwiartki.

b) W dużej misce połącz wszystkie składniki sałatki. W blenderze połącz zarezerwowaną marynatę z karczochów z pozostałymi składnikami dressingu.

c) Przetwarzaj, aż będzie gładkie. Dodaj dressing do sałatki, dobrze wymieszaj. Przykryć i schłodzić kilka godzin lub całą noc.

80. Koktajl teriyaki

Składnik

- 3½ funta Chude mięso wołowe
- 1 filiżanka Sos sojowy
- 3 ząbki czosnku; drobno mielone
- 2 łyżki stołowe Świeży tarty imbir
- 1 łyżeczka Akcent

Wskazówki:

a) Pokrój wołowinę w ½-calowe kostki. Połącz sos sojowy, imbir, czosnek i akcent.

b) Mieszaj mieszaninę przez 1 godzinę. Dodaj do wołowiny i marynuj przez noc w lodówce w plastikowej torbie lub płytkim plastikowym lub szklanym pojemniku, od czasu do czasu mieszając.

c) Nabij kostki mięsa na małe bambusowe patyczki, około 4-5 sztuk na patyczek. Przepis na około 70 kebabów koktajlowych.

d) ułóż t t r na przykrytej folią tacy i pozwól gościom grillować indywidualnie na habachi lub grillu.

81. <u>Chipsy prosciutto</u>

Składnik

- 12 (1 uncja) plasterków prosciutto

- Olej

Wskazówki:

A) ROZGRZEJ PIEKARNIK DO 350 ° F.

B) WYŁÓŻ BLACHĘ DO PIECZENIA PERGAMINEM I UŁÓŻ PLASTRY PROSCIUTTO W JEDNEJ WARSTWIE. PIEC 12 MINUT LUB DO MOMENTU, AŻ PROSCIUTTO BĘDZIE CHRUPIĄCE.

C) CAŁKOWICIE OSTUDZIĆ PRZED JEDZENIEM.

82.   Chipsy z buraków

Składnik

- 10 średnich czerwonych buraków
- 1/2 szklanki oleju z awokado
- 2 łyżeczki soli morskiej
- 1/2 łyżeczki czosnku granulowanego

Wskazówki:

A) ROZGRZEJ PIEKARNIK DO 350 ° F. WYŁÓŻ KILKA BLACH DO PIECZENIA PERGAMINEM I ODŁÓŻ NA BOK.

B) BURAKI OBRAĆ KRAJALNICĄ DO WARZYW I ODCIĄĆ KOŃCÓWKI. OSTROŻNIE POKRÓJ BURAKI NA PLASTRY O GRUBOŚCI OKOŁO 3 MM ZA POMOCĄ KRAJALNICY MANDOLINOWEJ LUB OSTREGO NOŻA.

C) UMIEŚĆ POKROJONE BURAKI W DUŻEJ MISCE I DODAJ OLEJ, SÓL I GRANULOWANY CZOSNEK. WRZUCIĆ DO POKRYCIA KAŻDEGO PLASTERKA. ODSTAWIĆ NA 20 MINUT, POZWALAJĄC SOLI WYCIĄGNĄĆ NADMIAR WILGOCI.

D) ODCEDŹ NADMIAR PŁYNU I UŁÓŻ POKROJONE BURAKI W JEDNEJ WARSTWIE NA PRZYGOTOWANYCH BLACHACH DO PIECZENIA. PIEC 45 MINUT LUB DO CHRUPKOŚCI.

E) WYJĄĆ Z PIEKARNIKA I POZOSTAWIĆ DO OSTYGNIĘCIA. PRZECHOWYWAĆ W

HERMETYCZNYM POJEMNIKU, AŻ BĘDĄ GOTOWE DO SPOŻYCIA, DO 1 TYGODNIA.

83.   Chipsy jęczmienne

Składnik

- 1 Mąkę o wszechstronnym przeznaczeniu
- $\frac{1}{2}$ szklanki mąki jęczmiennej
- $\frac{1}{2}$ szklanki kaszy jęczmiennej (jęczmień
- Płatki)
- 2 łyżki cukru
- $\frac{1}{4}$ łyżeczki soli
- 8 łyżek (1 kostka) masła lub
- Margaryna, zmiękczona
- $\frac{1}{2}$ szklanki mleko

Wskazówki:

a) W dużej misce lub w robocie kuchennym wymieszaj mąkę, jęczmień, cukier i sól.

b) Posiekaj masło, aż mieszanina będzie przypominać gruboziarnistą mąkę. Dodaj tyle mleka, aby uformować ciasto, które będzie trzymać się razem w spoistej kuli.

c) Ciasto podzielić na 2 równe części do rozwałkowania. Na oprószonym mąką blacie lub stolnicy rozwałkuj na około $\frac{1}{8}$ do $\frac{1}{4}$ cala. Pokrój w 2-calowe koła lub kwadraty i umieść na lekko natłuszczonej lub wyłożonej pergaminem blasze do pieczenia. Nakłuć każdego krakersa w 2 lub 3 miejscach zębami widelca.

d) Piecz przez 20 do 25 minut lub do uzyskania średnio brązowego koloru. Ostudzić na stojaku z drutu.

84. <u>Chipsy Cheddar mexi-melt</u>

Składnik

- 1 szklanka rozdrobnionego ostrego sera Cheddar
- 1/8 łyżeczki czosnku granulowanego
- 1/8 łyżeczki chili w proszku
- 1/8 łyżeczki mielonego kminku
- 1/16 łyżeczki pieprzu cayenne
- 1 łyżka drobno posiekanej kolendry
- 1 łyżeczka oliwy z oliwek

Wskazówki:

A) ROZGRZEJ PIEKARNIK DO 350 ° F. PRZYGOTUJ BLACHĘ DO PIECZENIA Z PERGAMINEM LUB MATĄ SILPAT.

B) WYMIESZAJ WSZYSTKIE SKŁADNIKI W ŚREDNIEJ MISCE, AŻ DOBRZE SIĘ POŁĄCZĄ.

C) NAKŁADAĆ PORCJAMI WIELKOŚCI ŁYŻKI STOŁOWEJ NA PRZYGOTOWANĄ BLACHĘ.

D) SMAŻ 5-7 MINUT, AŻ BRZEGI ZACZNĄ SIĘ RUMIENIĆ.

E) POZOSTAWIĆ DO OSTYGNIĘCIA NA 2-3 MINUTY PRZED WYJĘCIEM Z BLACHY ZA POMOCĄ SZPATUŁKI.

85.   <u>Chipsy pepperoni</u>

Składnik

- 24 plastry pepperoni bez cukru

- Olej

Wskazówki:

A) ROZGRZEJ PIEKARNIK DO 425 ° F.

B) WYŁÓŻ BLACHĘ DO PIECZENIA PERGAMINEM I UŁÓŻ PLASTERKI PEPPERONI W JEDNEJ WARSTWIE.

C) PIECZ 10 MINUT, A NASTĘPNIE WYJMIJ Z PIEKARNIKA I UŻYJ PAPIEROWEGO RĘCZNIKA, ABY ODSĄCZYĆ NADMIAR TŁUSZCZU. WSTAW PONOWNIE DO PIEKARNIKA NA 5 MINUT LUB DO MOMENTU, AŻ PEPPERONI BĘDZIE CHRUPIĄCE.

86.   <u>Anielskie chipsy</u>

Składnik

- ½ szklanki Cukier
- ½ szklanki brązowy cukier
- 1 filiżanka Skracanie
- 1 jajko
- 1 łyżeczka Wanilia
- 1 łyżeczka Krem z kamienia winnego
- 2 kubki Mąka
- ½ łyżeczki Sól
- 1 łyżeczka Proszek do pieczenia

Wskazówki:

a) Cukier śmietankowy, brązowy cukier i tłuszcz piekarski. Dodać wanilię i jajko. Miksuj do puszystości. Dodaj suche składniki; mieszanka.

b) Łyżeczki formować w kulki. Zanurz w wodzie, a następnie w granulowanym cukrze. Ułożyć na blasze, stroną z cukrem do góry, a następnie spłaszczyć szklanką.

c) Piec w temperaturze 350 stopni przez 10 minut.

87. Chipsy ze skórki z kurczaka satay

Składnik

- Skórka z 3 dużych udek z kurczaka
- 2 łyżki masła orzechowego bez dodatku cukru w kawałkach
- 1 łyżka niesłodzonej śmietanki kokosowej
- 1 łyżeczka oleju kokosowego
- 1 łyżeczka pestek i mielonej papryczki jalapeño
- 1/4 ząbka czosnku , posiekanego
- 1 łyżeczka aminokwasów kokosowych

Wskazówki:

A) ROZGRZEJ PIEKARNIK DO 350 ° F. NA BLASZCE WYŁOŻONEJ PAPIEREM DO PIECZENIA UŁOŻYĆ SKÓRKI MOŻLIWIE PŁASKO.

B) PIEC 12-15 MINUT, AŻ SKÓRKI STANĄ SIĘ JASNOBRĄZOWE I CHRUPIĄCE, UWAŻAJĄC, ABY ICH NIE SPALIĆ.

C) USUŃ SKÓRKI Z BLACHY I UMIEŚĆ NA RĘCZNIKU PAPIEROWYM DO OSTYGNIĘCIA.

D) W MAŁYM ROBOCIE KUCHENNYM DODAJ MASŁO ORZECHOWE, ŚMIETANKĘ KOKOSOWĄ, OLEJ KOKOSOWY, JALAPEÑO, CZOSNEK I AMINOKWASY KOKOSOWE. MIESZAJ, AŻ DOBRZE SIĘ POŁĄCZY, OKOŁO 30 SEKUND.

E) KAŻDĄ CHRUPIĄCĄ SKÓRKĘ Z KURCZAKA KROIMY NA 2 CZĘŚCI.

F) UMIEŚĆ 1 ŁYŻKĘ SOSU ORZECHOWEGO NA KAŻDYM CHIPSIE Z KURCZAKA I NATYCHMIAST

PODAWAJ. JEŚLI SOS JEST ZBYT RZADKI, WŁÓŻ DO LODÓWKI NA 2 GODZINY PRZED UŻYCIEM.

88. <u>Skórka z kurczaka z awokado</u>

Składnik

- Skórka z 3 dużych udek z kurczaka
- 1/4 średnie awokado , obrane i pozbawione pestek
- 3 łyżki pełnotłustej śmietany
- 1/2 średniej papryczki jalapeño, pozbawionej pestek i drobno posiekanej
- 1/2 łyżeczki soli morskiej

Wskazówki:

A) ROZGRZEJ PIEKARNIK DO 350 ° F. NA BLASZCE WYŁOŻONEJ PAPIEREM DO PIECZENIA UŁÓŻ SKÓRKI JAK NAJBARDZIEJ PŁASKO.

B) PIEC 12-15 MINUT, AŻ SKÓRKI STANĄ SIĘ JASNOBRĄZOWE I CHRUPIĄCE, UWAŻAJĄC, ABY ICH NIE SPALIĆ.

C) USUŃ SKÓRKI Z BLACHY I UMIEŚĆ NA RĘCZNIKU PAPIEROWYM DO OSTYGNIĘCIA.

D) W MAŁEJ MISCE POŁĄCZ AWOKADO, KWAŚNĄ ŚMIETANĘ, JALAPEÑO I SÓL.

E) MIESZAJ WIDELCEM, AŻ DOBRZE SIĘ POŁĄCZĄ.

F) KAŻDĄ CHRUPIĄCĄ SKÓRKĘ Z KURCZAKA KROIMY NA 2 CZĘŚCI.

G) UMIEŚĆ 1 ŁYŻKĘ MIESZANKI Z AWOKADO NA KAŻDYM CHIPSIE Z KURCZAKA I NATYCHMIAST PODAWAJ.

89. <u>Parmezanowe chipsy warzywne</u>

Składnik

- 3/4 szklanki posiekanej cukinii
- 1/4 szklanki startej marchewki
- 2 szklanki świeżo startego parmezanu
- 1 łyżka oliwy z oliwek
- 1/4 łyżeczki czarnego pieprzu

Wskazówki:

A) ROZGRZEJ PIEKARNIK DO 375 ° F. PRZYGOTUJ BLACHĘ DO PIECZENIA Z PERGAMINEM LUB MATĄ SILPAT.

B) ZAWIŃ POKROJONE WARZYWA W PAPIEROWY RĘCZNIK I WYCIŚNIJ NADMIAR WILGOCI.

C) WYMIESZAJ WSZYSTKIE SKŁADNIKI W ŚREDNIEJ MISCE, AŻ DOKŁADNIE SIĘ POŁĄCZĄ.

D) NA PRZYGOTOWANEJ BLASZCE UKŁADAĆ KOPCE WIELKOŚCI ŁYŻKI STOŁOWEJ.

E) PIECZEMY 7-10 MINUT DO LEKKIEGO ZARUMIENIENIA.

F) POZOSTAW DO OSTYGNIĘCIA NA 2-3 MINUTY I WYJMIJ Z BLACHY.

90.　Chipsy kokosowe z dyni

Składnik

- 2 łyżki oleju kokosowego
- 1/2 łyżeczki ekstraktu waniliowego
- 1/2 łyżeczki przyprawy do piernika
- 1 łyżka granulowanego erytrytolu
- 2 szklanki niesłodzonych płatków kokosowych
- 1/8 łyżeczki soli __

Wskazówki:

A) ROZGRZEJ PIEKARNIK DO 350 ° F.

B) UMIEŚĆ OLEJ KOKOSOWY W ŚREDNIEJ MISCE BEZPIECZNEJ DLA KUCHENEK MIKROFALOWYCH I MIKROFALUJ, AŻ SIĘ ROZPUŚCI, OKOŁO 20 SEKUND. DODAJ EKSTRAKT WANILIOWY, PRZYPRAWĘ DO CIASTA DYNIOWEGO I GRANULOWANY ERYTRYTOL DO OLEJU KOKOSOWEGO I MIESZAJ DO POŁĄCZENIA.

C) UMIEŚĆ PŁATKI KOKOSOWE W ŚREDNIEJ MISCE, ZALEJ JE MIESZANKĄ OLEJU KOKOSOWEGO I WRZUĆ DO POKRYCIA. ROZŁÓŻ W JEDNEJ WARSTWIE NA BLASZE DO PIECZENIA I POSYP SOLĄ.

D) PIEC 5 MINUT LUB DO MOMENTU, AŻ KOKOS BĘDZIE CHRUPIĄCY.

91.   Chrupki ze skórki z kurczaka Alfredo

Składnik

- Skórka z 3 dużych udek z kurczaka
- 2 łyżki serka ricotta
- 2 łyżki serka śmietankowego
- 1 łyżka tartego parmezanu
- 1/4 ząbka czosnku , posiekanego
- 1/4 łyżeczki mielonego białego pieprzu

Wskazówki:

a) Rozgrzej piekarnik do 350 ° F. Na blaszce wyłożonej papierem do pieczenia ułożyć skórki możliwie płasko.

b) Piec 12-15 minut, aż skórki staną się jasnobrązowe i chrupiące, uważając, aby ich nie spalić.

c) Usuń skórki z blachy i umieść na ręczniku papierowym do ostygnięcia.

d) W małej misce dodaj sery, czosnek i pieprz. Mieszaj widelcem, aż dobrze się połączą.

e) Każdą chrupiącą skórkę z kurczaka kroimy na 2 części.

f) Umieść 1 łyżkę mieszanki serowej na każdym chrupiącym kurczaku i natychmiast podawaj.

92. Układarki do jabłek i masła orzechowego

Składniki

- 2 średnie jabłka
- 1/3 szklanki masła orzechowego
- Opcjonalne nadzienia: granola, miniaturowe półsłodkie chipsy czekoladowe

Kierunki

a) Jabłka rdzeniowe. Każde jabłko pokroić w poprzek na sześć plasterków. Rozłóż masło orzechowe na sześciu plasterkach; posypać ulubionymi nadzieniami.

b) Na wierzchu pozostałe plasterki jabłka.

93. smażone zielone pomidory

Składniki

- 1/4 szklanki beztłuszczowego majonezu
- 1/4 łyżeczki startej skórki z limonki
- 2 łyżki soku z limonki
- 1 łyżeczka posiekanego świeżego tymianku lub 1/4 łyżeczki suszonego tymianku
- 1/2 łyżeczki pieprzu, podzielone
- 1/4 szklanki mąki uniwersalnej
- 2 duże białka jaj, lekko ubite
- 3/4 szklanki mąki kukurydzianej
- 1/4 łyżeczki soli
- 2 średnie zielone pomidory
- 2 średnie czerwone pomidory
- 2 łyżki oleju rzepakowego
- 8 plastrów bekonu kanadyjskiego

Kierunki

a) Wymieszaj pierwsze 4 składniki i 1/4 łyżeczki pieprzu; schłodzić do czasu podania. Umieść mąkę w płytkiej misce; umieść białka jaj w osobnej płytkiej misce. W trzeciej misce wymieszaj mąkę kukurydzianą, sól i pozostały pieprz.

b) Każdy pomidor pokroić w poprzek na 4 plastry. Zanurz 1 plasterek w mące, aby lekko pokrył; strząśnij nadmiar. Zanurz w białkach, a następnie w mieszance mąki kukurydzianej. Powtórz z pozostałymi plasterkami pomidorów.

c) Na dużej nieprzywierającej patelni rozgrzej olej na średnim ogniu. Partiami gotuj pomidory na złoty kolor, 4-5 minut z każdej strony.

d) Na tej samej patelni lekko zrumienić bekon kanadyjski z obu stron. Dla każdego ułóż po 1 plasterku każdego zielonego pomidora, bekonu i czerwonego pomidora. Podawać z sosem.

94. BLT bez chleba

wydajność: 1 PORCJA

Składniki

- 6 plastrów bekonu przekrojonych poziomo na pół
- liście sałaty
- świeży pomidor, pokrojony

Kierunki

a) Ułóż trzy kromki obok siebie w pionowym rzędzie na blasze wyłożonej matą silikonową.

b) Zegnij górną część dwóch zewnętrznych plasterków w dół, a następnie połóż na nich poziomo plaster bekonu.

c) Podbij boczek z powrotem, a następnie podnieś środkowy plasterek i umieść kolejny poziomy plasterek na środku. Następnie dodaj ostatni poziomy plasterek na dole, podnosząc dwa zewnętrzne plasterki.

d) Powtórz, aby utworzyć kolejny splot bekonu (będziesz potrzebował dwóch na BLT).

e) Umieść odwrócony stojak z powłoką nieprzywierającą na wierzchu bekonu i gotuj pod nagrzanym brojlerem, aż bekon zacznie się chrupiący. Zdejmij ruszt i obróć boczek. W razie potrzeby wróć do brojlerów.

f) Plastry bekonu przełożyć na papier kuchenny, aby odsączyć nadmiar tłuszczu.

g) Dodaj pokrojony pomidor i chrupiącą sałatę rzymską do jednego splotu bekonu, a następnie przykryj drugim splotem.

95. Kanapki z jabłkiem, szynką i serem

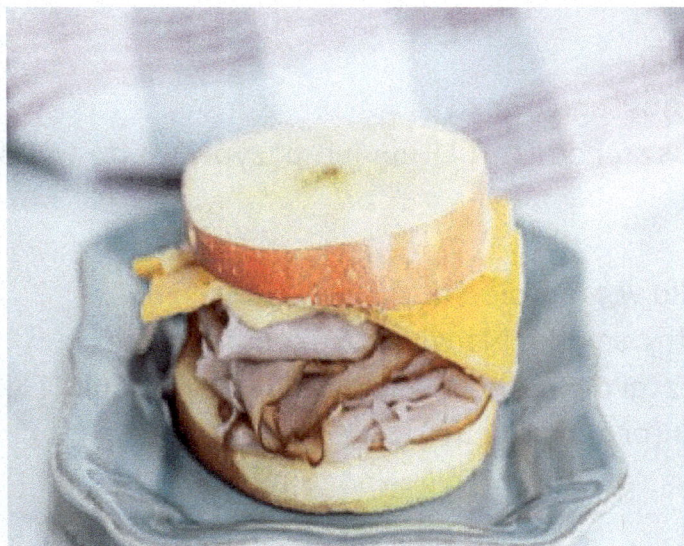

Porcje: 2

Składniki

- jabłko
- plastry szynki
- Plasterki Colby'ego Jacka
- Brązowa musztarda, styl Dijon lub przyprawa do wyboru

Kierunki

a) Pokrój jabłka w pierścienie.

b) Dodać plastry szynki. Na wierzchu plastry sera.

c) Rozłóż musztardę na górnym pierścieniu kanapki i ułóż na wierzchu (przyprawą do dołu).

96. Burgery ze słodkich ziemniaków

Składniki

- 1 duży słodki ziemniak
- 2 łyżeczki oliwy z oliwek
- Sól i pieprz

Kierunki

a) Obierz i pokrój słodkie ziemniaki w kształt bułek do burgerów.

b) Potrzebujesz 2 średnich plasterków na każdego burgera, którego robisz. Możesz ugotować do 16 plasterków naraz we frytkownicy beztłuszczowej, zanim frytkownica stanie się przepełniona.

c) Za pomocą dłoni wetrzyj w nie oliwę z oliwek.

d) Dopraw solą i pieprzem.

e) Gotuj przez 10 minut w 180c/360f we frytkownicy.

f) Umieść swoje śródziemnomorskie burgery pomiędzy dwoma kawałkami bułki do burgerów ze słodkich ziemniaków i podawaj.

97.   Naleśniki z ogórka

SERWIS 2

Składniki

- 2 ogórki
- delikatesowe mięso z indyka, szynki lub innego delikatesowego mięsa w plastrach lub ogolone
- boczek (opcjonalnie)
- zielona cebula (opcjonalnie)
- pomidory (opcjonalnie)
- dowolne wypełniacze do kanapek (opcjonalnie)
- śmiejący się ser krowi lub majonez lub serek śmietankowy lub jakakolwiek inna przyprawa

Kierunki

a) Ogórek przekroić wzdłuż, od czubka do czubka. Wydrąż wnętrze ogórka, aby zrobić miejsce na nadzienie do kanapek. Dodaj mięso, warzywa i inne kanapki do wnętrza ogórka.

b) Połóż połówkę ogórka na drugiej połówce. Cieszyć się!!

98.   Bezchlebowa Włoska Sub Kanapka

Wydajność: 4 kanapki

Składniki

- 8 dużych pieczarek Portobello, oczyszczonych
- 2 łyżki oliwy z oliwek extra vergine
- Sól koszerna
- 1 łyżka octu z czerwonego wina
- 1 łyżka drobno posiekanej pepperoncini z nasionami
- 1/2 łyżeczki suszonego oregano
- Świeżo mielony czarny pieprz
- 2 uncje pokrojonego provolone (około 4 plasterków)
- 2 uncje cienko pokrojonej szynki o niskiej zawartości sodu (około 4 plasterków)
- 1 uncja cienko pokrojonego salami Genua (około 4 plasterków)
- 1 mały pomidor, pokrojony na 4 plastry
- 1/2 szklanki posiekanej sałaty lodowej
- 4 oliwki faszerowane papryką

Kierunki

a) Umieść ruszt piekarnika w górnej jednej trzeciej części piekarnika i rozgrzej brojler piekarnika.

b) Usuń nóżki z grzybów i wyrzuć. Ułóż kapelusze grzybów skrzelami do góry i ostrym nożem całkowicie usuń skrzela (tak, aby kapelusze leżały płasko). Ułóż kapelusze pieczarek na blasze do pieczenia, posmaruj je 1 łyżką oleju i posyp 1/4 łyżeczki soli. Smaż, aż kapelusze będą miękkie, przewracając w połowie, 4 do 5 minut z każdej strony. Pozostawić do całkowitego ostygnięcia.

c) Wymieszaj ocet, pepperoncini, oregano, pozostałą 1 łyżkę oleju i kilka ziaren czarnego pieprzu w małej misce.

d) Złóż kanapki: Ułóż jedną czapkę pieczarki, przeciętą stroną do góry, na powierzchni roboczej. Złóż 1 kawałek provolone, aby zmieścił się na wierzchu czapki i powtórz z 1 plasterkiem szynki i salami.

e) Na wierzchu 1 plasterek pomidora i około 2 łyżki sałaty. Skrop sosem winegret pepperoncini. Kanapkę z kolejnym kapeluszem pieczarki i spiąć wykałaczką z oliwką. Powtórz z pozostałymi składnikami, aby zrobić 3 kolejne kanapki.

f) Zawiń każdą kanapkę do połowy w woskowany papier (pomoże to złapać wszystkie soki) i podawaj.

99.   Suwak Mac i Cheese

Wielkość porcji: 12

Składniki:
- 1 szklanka makaronu Makaron
- 1 łyżka masła
- pieprz do smaku
- 1 ½ łyżeczki mąki uniwersalnej
- ½ szklanki mleka
- ¾ szklanki sera cheddar, posiekanego
- 18 uncji Hawajskie słodkie bułeczki
- 16 uncji. szatkowana wieprzowina z grilla, gotowana
- 1 łyżka miodu
- ½ łyżeczki mielonej musztardy
- 2 łyżki masła, stopionego

Kierunki
a) Rozgrzej piekarnik do 375 stopni F.
b) Ugotuj makaron zgodnie z instrukcją na opakowaniu.
c) Odcedź i odłóż na bok.
d) Dodaj masło na patelnię na średnim ogniu.
e) Wmieszać pieprz i mąkę.
f) Mieszaj, aż będzie gładkie.
g) Doprowadzić do wrzenia, mieszając.
h) Gotuj przez 3 do 5 minut.
i) Dodaj ser i gotuj, mieszając, aż się rozpuści.
j) Dodaj ugotowany makaron na patelnię.
k) Spód bułek ułożyć w naczyniu do pieczenia.
l) Na wierzchu ułóż mieszankę sera i makaronu, posiekaną wieprzowinę i zawiń.
m) W małej misce wymieszaj miód, musztardę i masło.

n) Tą mieszanką posmaruj blaty.

o) Piec w piekarniku przez 10 minut.

100. Suwaki z indyka ze słodkimi ziemniakami

Robi 10 porcji

Składniki

- 4 paski bekonu wędzonego jabłonią, drobno posiekane
- 1 funt mielonego indyka
- 1/2 szklanki okruchów panko
- 2 duże jajka
- 1/2 szklanki tartego parmezanu
- 4 łyżki posiekanej świeżej kolendry
- 1 łyżeczka suszonej bazylii
- 1/2 łyżeczki mielonego kminku
- 1 łyżka sosu sojowego
- 2 duże słodkie ziemniaki
- Rozdrobniony ser Colby-Monterey Jack

Kierunki

a) Na dużej patelni smaż boczek na średnim ogniu, aż będzie chrupiący; odsączyć na ręcznikach papierowych. Odrzuć wszystkie krople z wyjątkiem 2 łyżek stołowych. Odłóż patelnię na bok. Połącz bekon z następnymi 8 składnikami, aż dobrze się połączą; przykryć i wstawić do lodówki na co najmniej 30 minut.

b) Rozgrzej piekarnik do 425°. Pokrój słodkie ziemniaki na 20 plasterków o grubości około 1/2 cala. Umieść plastry na nienatłuszczonej blasze do pieczenia; piec, aż słodkie ziemniaki będą miękkie, ale nie papkowate, 30-35 minut. Usuń plastry; ostudzić na metalowej podstawce.

c) Rozgrzej patelnię z zarezerwowanymi kroplami na średnim ogniu. Uformuj mieszankę z indyka w paszteciki wielkości suwaka. Smaż suwaki partiami, po 3-4 minuty z każdej strony, uważając, aby nie stłoczyć patelni. Dodaj szczyptę rozdrobnionego sera cheddar po pierwszym obróceniu każdego suwaka. Gotuj, aż termometr wskaże 165°, a soki będą klarowne.

d) Aby podać, umieść każdy suwak na plasterku słodkiego ziemniaka; polać miodową musztardą Dijon. Przykryj drugim plasterkiem batata. Przebij wykałaczką.

WNIOSEK

Tailgating to doskonała okazja, by delektować się pysznym jedzeniem i napojami, jednocześnie spędzając czas z najbliższymi przed imprezą sportową. Niezależnie od tego, czy grillujesz hamburgery i hot dogi, czy serwujesz pikantne dipy i przekąski, przepisy na ogonki z pewnością zaspokoją każdy apetyt. Więc rozpal grilla, zabierz przyjaciół i rodzinę i przygotuj się na dzień pełen wrażeń sportowych i wspaniałego jedzenia. Dzięki tym łatwym do wykonania przepisom na ogonki na pewno będziesz mieć zwycięski dzień gry.

Ingram Content Group UK Ltd.
Milton Keynes UK
UKHW020612120623
423287UK00008B/45

9 781835 005507